누구나 적용할 수 있는

구연동화의 기법과 실기

문 빈 지음

창지사

저자의 글

동화 같은 세상, 동화처럼 사는 세상을 꿈꾸며 구연동화를 시작한 지도 강산이 변한다는 세월을 훨씬 넘어서고 있는 것 같다.

한없이 맑고 순수한 동화 같은 친구들. 그 친구들을 더 많이 만나기 위해 인형극을 시작했고, 동화를 쓰고 대본을 다듬고 아동극과 연극 연출을 시작했다.

밤새워 작업을 하고 공연 준비를 하면서 아침 해가 떠오르는 새벽바다에 서서 눈부신 햇살이 함께 담겨진 일회용 종이컵의 커피를 마시고, 미친 듯이 춤을 추고 동동거리며 만석의 꿈을 싣고 출항하는 배를 향해 손을 흔들던 날들….

무대에 오를 때만큼은 이 지상의 그 어떤 행복도 날 막지 못했다. 무대에서만큼은 난 최고였고, 그 자부심과 자존심으로 더 열심히 내 삶의 꽃을 가꾸려고 노력했다. 물론 막이 내리면 뭔가 씁쓸한 허전함이 날 괴롭히기도 했지만…. 그럼에도 난 더 좋은 작품과 더 완벽한 무대, 더 감동적인 대본과 동화와 시를 쓰는 작업에 내 남은 청춘을 몽땅 저당 잡힌 채 살아갈 것이다.

난 아직도 희망의 화분에 정성스레 물을 주고 조심스럽게 말을 건넨다.

"잘 잤니? 아프지 말아야지? 곧 무대의 막이 오를 거야. 예쁘게 자라서 너의 향기로 아이들과 사람들의 가슴마다에 꿈과 사랑과 희망을 주는 거야. 해맑은 미소와 '깔깔 까르르' 하는 웃음소리가 들리지 않니? 가슴 벅찬 감동적인 박수소리가 들리지 않니?"

"항상 낭낭하게 노력하는 거야!"

나는 이 세상의 모든 엄마들과 그 엄마를 대신하는 유아교사들에게 감히 말하고 싶다.

"아이들을 야단치지 마세요. 한 걸음만 물러서서 아이들의 마음을 바라보고, 그 아이의 눈빛과 마주해 보세요. 그리고 사랑하는 마음으로 안아 주세요. 아픈 말 한 마디보다는 따뜻한 동화를 들려 주세요."

세상의 모든 아이들은 그 어떤 꽃보다도 아름답고, 그 어떤 보석보다도 반짝이는 빛을 가지고 있다.

이 한 권의 책이 구연을 시작하는 전문강사와 유아교육 교사들에게 작지만 동심을 이해하고 동화 같은 세상을 꿈꾸게 하는 자료가 됐으면 하는 작은 희망 하나를 걸어 본다.

이 책의 원고를 마무리하기까지 멀리 있지만 매일 문자로 나의 아침을 열어 주고, 나의 건강을 걱정하며, 나의 하루를 위로해 주던 내 삶의 특별한 친구와, 매일 사랑한다고 말해도 또 사랑한다고 말하고 싶고, 한없이 보고 싶어서 항상 곁에 같이하고 싶은 다희, 현빈이, 내 생의 단 한 사람뿐인 문영옥 씨와 그의 남편 홍상우 씨, 그리고 주희, 주현, 주용이, 나의 따뜻한 식탁을 챙겨 주던 김미경 원장님과 똑똑이 승준이, 해정 씨에게도 고마움을 전한다. 그리고 김정태 부장님과 창지사 모든 식구들에게도 따뜻한 인사를 보낸다.

2008년 8월

문 빈

들어가면서

구연동화는 구연을 완벽하게 소화할 수 있는 기초적인 이론과 그 이론을 바탕으로 한 실제적인 면을 중요시 한다.

이 책에서는 누구나 쉽게, 보다 빠르게 구연을 잘할 수 있는 방법을 소개하고자 한다. 또한 구연동화의 실기와 유아교육에 있어서 빼놓을 수 없는 인형극, 아동극 대본을 실어 누구라도 사용할 수 있게 하였다. 그리고 손쉽게 만들 수 있는 막대인형과 손가락인형 제작법, 장갑인형 만들기 등을 실었다. 유아교육 전공자나 교사, 아동교육 분야에 종사하는 모든 이들에게 도움이 되리라고 생각한다.

먼저 각 장에 대해 살펴보고자 한다.

제1부에서는 유아교육과 구연동화의 이해관계를 돕고자 구연의 의미와 개념에 대한 간략한 이론을 소개하고 있다.

제2부는 구연의 기초 기법인 호흡과 발성, 음의 수를 이용한 리듬, 구연을 할 때 보조수단으로 연출하여 재미와 흥미로 이끌어 갈 수 있는 신체를 활용한 제스처 사용 범위 등을 담고 있다. 구연 기법에 대해서는 초보도 연습하면 깊은 소리를 표현할 수 있도록 쉽게 풀어 놓았다.

제3부는 구연의 꽃이라고 할 수 있는 구연의 전개 방법과 성대모사의 이론과 실기를 실었다. 이 장에서는 동물과 인물의 목소리에 대해 누구든지 호흡만 자기화 시키면 성대모사를 할 수 있고 표현할 수 있도록 가장 쉽게 표면화 시켰다.

제4부는 동화의 장르를 구분하여, 영 유아의 집중도를 높일 수 있는 앞치마동화와 융판동화를 만들기와 함께 싣고 있다. 특별히 구연자가 연출할 수 있도록 평면적인 그림으로 이해를 돕고자 했으며, 유아들이 어렵게 생각하는 과학동화를 재미있게 이해하고 학습할 수 있도록 만든 작품과, 놀이를 이용한 놀이동화의 기법과 교수학습법, 생활 속의 동화 등이 수록되었다.

제5부는 무대 연출 기법으로서, 구연할 때의 소품으로 주로 쓰이는 장갑인형 만들기, 공연장이나 대형 무대에서 공연할 수 있는 막대인형 제작법 등이 수록되었다.

제6부에서는 공연용 (극)대본으로 창작동화, 전래동화, 명작동화, 이솝우화, 과학동화, 환경동화, 생활 속의 동화 등의 대본을 장르별로 모아 보았다.

마지막으로 제7부는 구연동화 원고 모음으로, 저자가 이 책의 원고를 쓰면서 창작한 작품들을 담고 있다. 이 동화들은 아이들의 자립심과 호기심, 친구와 선생님, 가족의 사랑, 고마움, 자연 환경 등을 소재로 한 작품들이다.

차 례

제4부 동화 장르 구분(연출법과 대본) • 43

제5부 인형 제작법 • 95

제6부 공연용 장르별 (극)대본 모음 • 109

제7부 구연동화 모음 • 209

제1부

구연동화의 의미학적 개론

1. 구연동화의 개념과 의의
2. 구연동화의 이해
3. 구연동화와 유아교육

1. 구연동화의 개념과 의의

구연은 입에서 나오는 음성적인 언어 연출이다. 구연을 하기 위해서는 먼저 한 편의 동화를 선택하여 때와 장소와 계절, 연령, 시대적 배경을 안배한다. 그리고 높낮이를 이용해서 음률을 효과적으로 다루어야 하는데, 동화 속에 등장하는 인물이나 동물들의 성격을 파악하여 목소리를 설정하고, 성대모사를 통하여 사실적으로 완벽하게 표현하도록 한다. 구연 시에는 작품의 성격이나 작가가 의도하는 교육적인 면이 잘 전달되도록 하면서도 재미있게 연출할 수 있어야 한다.

구연동화는 영유아 및 초등학생들이 쉽게 책과 친해지게 하고, 논리적인 사고력을 증진시키며 발표력을 향상시킨다. 구연동화는 또한 아동의 창의적인 상상력을 유발시키며, 기초적인 글쓰기의 향상을 가져온다. 구연동화를 하면서 풍부한 놀이표현, 즉 다양한 목소리와 몸동작으로 언어적인 부분을 예술적으로 승화시킬 수 있는데, 슬플 때, 기쁠 때, 화가 났을 때, 괴로울 때 등 갖가지 상황과 이야기를 음성과 표정으로 표현해 낼 수 있다. 이것은 영유아 어린이들뿐 아니라 성인들까지도 포괄적으로 사로잡을 수 있는 매력적인 작업이라 할 수 있다.

구연동화는 동요, 동시, 전래동화 등을 현 시대에 맞게 재구성하거나 각색하여 사용할 수 있다. 또한 우리가 쉽게 보고 느낄 수 있는 생활 속의 주제를 담은 생활 속의 동화나 자연을 소재로 한 동화, 그리고 유아들이 어렵게 생각하는 경제나 과학을 쉽고 재미있게 배울 수 있도록 창작하여 듣는 이들을 동화 같은 세상, 동화처럼 사는 세상으로 초대하는 것이다.

2. 구연동화의 이해

구연동화는 한 편의 동화를 목소리를 통해서 입으로 표현하는 언어 전달 매개체이다. 구연동화를 할 때 몇 가지 유의해야 할 중요한 사항이 있다. 먼저, 발음을 정확하게 하면서 듣는 이들에게 오감의 기억으로 감동을 줄 수 있어야 한다. 그리고 구연은 주의를 집중시킬 수 있는 형식으로 이어져야 하고, 재미와 감동을 주면서도 교육적으로 유익함을 전할 수 있어야 한다. 또한 동화 속에 등장하는 인물들의 성격과 행동을 놀이적인 기법과 문학적인 감동으로 흥미롭게 구연할 수 있어야 한다.

동화 작품을 보면 대체로 동물들이 의인화 되어 있으며, 내용 속에는 그 동물들의 인격과 지혜로움을 담고 있는데, 이는 동물들을 상징적 등장으로 전이시켜 유아들에게 꿈을 키워 주는 것이라 하겠다.

구연동화의 대상은 단지 어린이들만이 아니라고 생각한다. 바쁜 현대인의 생활 속에서 메마르기 쉬운 정서를 부드럽게 해 주고 잃어버린 동심을 회복시켜 주기 위한 어른을 위한 동화 작품들도 흔히 볼 수 있다.

구연을 처음 시작하는 사람들은 구연이 어렵다고 한다. 이는 구연이 어린이를 위한 것이므로 목소리를 예쁘게 꾸며야 한다고 생각하기 때문이다. 구연은 꾸며서 하는 것이 아니라 목소리를 다듬고 만들어 가는 과정일 뿐이다. 단지 사람마다 높은 소리, 낮은 소리, 굵은 소리, 가는 소리 등 개개인의 소리통과 음색이 다르므로 호흡과 발성으로 다듬어 주어야 할 필요가 있을 뿐이다.

때로는 짧고 힘차게, 때로는 길고 여유 있게, 깊고 위엄 있게 호흡의 길이를 키우고, 발성으로 깊거나 낮거나 높은 소리를 만들 수 있다. 그리고 입 모양을 공처럼 오므리거나 닫으면서 제스처(gesture)를 적절히 이용하여 고갯짓, 눈짓, 코의 움직임, 눈썹 움직이기, 양 볼의 크기 조절, 입술 오므렸다 펴기, 손짓, 손가락 사용, 허리, 몸 전체의 동작 등으로 내가 아닌 다른 사람의 목소리와 행동, 언어적인 성격을 만들어서 동화 속의 주인공으로 등장하는 것이다. 이것은 물론 개인적인 생각이지만, 구연을 전문적으로 하는 사람이라면 기본적으로 인물과 동물들의 소리를 열 가지 이상은 완벽하게 재현할 수 있어야 한다고 생각한다. 구연은 어려운 것이 아니라 아주 홍미로운 일이며, 다양한 체험을 할 수 있고 세대 간의 공감대를 형성할 수 있는, 언어 전달력이 있는 독특한 표현 방법이다.

3. 구연동화와 유아교육

구연동화는 유아교육과 밀접한 관계가 있으며 교육적인 효과가 있다. 동화는 짧은 시간에 유아들의 집중력을 키워 주고 효과적인 언어 학습을 하는 데 사용할 수 있다. 또

한 이해력, 풍부한 상상력, 인지능력을 키워 주며, 여러 영역별 수업으로 활용할 수 있다. 한글을 모르는 유아라도 동화를 듣는 가운데 동화 속의 주인공을 만나게 되면서 글자의 형태와 모양에 흥미를 갖게 되며, 주인공의 언행을 따라해 보면서 착한 행동과 나쁜 행동을 구분할 줄 아는 분별력을 키운다.

유아교육 현장에서는 유아와 교사가 가까운 거리에서 함께 보고 느낄 수 있기 때문에 이야기의 전체적 흐름을 파악할 수 있는 장점이 있고, 동작을 따라하면서 자신감을 키우고 이야기 만들어 가기를 하면서 발표력 향상에 큰 도움을 받을 수 있다.

작품을 선택할 때는 각 연령에 맞는 내용의 동화를 선택해야 하며, 지금 현재의 계절이나 시간, 유아들의 심리적인 발달 단계 등을 잘 고려해야 한다. 그리고 구연동화를 들으면서 '잘못을 했으므로 야단을 맞아야 한다'를 훈계를 하기보다는, '나도 그랬는데 앞으로는 안 그래야지' 라고 유아가 스스로 느끼고 잘못을 반성할 수 있도록 생각하게 하는 구연이 되어야 한다.

제2부

구연 기법

1. 호흡법과 음의 높낮이 구분
2. 발성법 및 감정 표현과 공감대 형성
3. 소리와 발성법
4. 표현법 및 제스처(gesture) 사용 범위와 음의 리듬, 음의 수

1. 호흡법과 음의 높낮이 구분

호흡은 구연에서 가장 중요한 부분이다. 호흡을 조절함으로 폐활량을 늘리고 소리통을 키울 수 있다.

이 호흡의 종류에는 여러 가지가 있지만, 구연에서 가장 중요하게 여기는 호흡은 복식호흡이다. 복식호흡은 숨을 천천히 내쉬면서 배 모양을 커다란 동그라미를 그리듯이 부풀리거나, 그 반대로 배가 등 쪽에 붙는 느낌이 들도록 천천히 들이마시는 호흡이다. 구연에서는 이 호흡을 이용해서 목 부분으로 올린다든지 가슴으로 끌어올리거나 내려서 여러 가지의 목소리 만들기, 즉 성대모사를 한다.

호흡을 할 때는 자신의 자세 중 가장 편안한 자세로, 어깨 넓이만큼 다리 사이의 길이를 맞추고 어깨의 힘을 뺀다. 이때 어깨의 힘을 빼면서, 아랫배에 천천히 힘을 주며 자신의 몸무게를 지탱한다.

1) 호흡의 1단계

① 입으로 길게 들이마시고 천천히 내뱉는다.
② 아랫배로 길고 크게 들이마시고 천천히 내뱉는다.
③ 크게 들이마시고 천천히 내뱉는다.
④ 숨을 10초 동안 크게 들이마시고, 10초 동안 힘차게 내쉰다.
⑤ 숨을 30초 동안 깊게 들이마시고, 30초 동안 길게 내쉰다.
⑥ 숨을 50초 동안 깊게 들이마시고, 50초 동안 천천히 길게 내쉰다.
⑦ 숨을 10초 동안 들이마시고, 10초 동안 멈춘 뒤, 10초 안에 남아 있는 호흡을 몰아서 모두 뱉는다.
⑧ 숨을 20초 동안 들이마시고, 20초 동안 멈춘 뒤, 20초 안에 내뱉는다.
⑨ 숨을 30초 동안 깊게 들이마시고, 30초 동안 멈추었다가, 30초 동안 천천히 내쉰다.
⑩ 숨을 40초 동안 힘차게 들이마시고, 20초 동안 멈추었다가, 남아있는 호흡을 내뱉는다.

* 입을 다물고 천천히 내쉬면서 아랫배를 볼록하게 한다.

*입을 크게 벌리면서 들이마시고 배가 등에 닿는 느낌으로 한다.

2) 호흡의 2단계 : '도, 레, 미, 파, 솔, 라, 시, 도'의 음계를 이용한다.

— 도~(3박자 동안 깊고 크게 아랫배를 툭 치듯이 짧게 들이마시고), 레, 미, 파, 솔, 라, 시, 도(1박자씩 짧게 끊어서)를 입 모양과 발음을 정확하게 하면서 발성한다. 이때 남아 있는 호흡은 소리가 끊어질 때까지 아랫배를 밀착시키면서 한 호흡으로 마무리한다.

— 도~는 5박자 동안 조금 천천히 입 모양을 원을 그리면서 부드럽게 숨을 들이마시고, 레, 미, 파까지는 입 모양을 자신의 주먹이 다 들어올 만큼 크게 만들면서 내뱉고, 남은 호흡은 솔, 라, 시, 도를 하면서 마무리한다. 소리가 나지 않더라도 입 모양은 만든다. 이 호흡을 했을 때 허리가 약간 아프든지 아랫배가 당기는 느낌이 들면 성공적이라 하겠다.

— 도~(3박자), 레(3박자), 미(3박자), 파(3박자), 솔(3박자 들이마시고), 라부터 도까지는 1박자씩 내뱉고, 남은 호흡으로 마무리한다. 이때도 역시 호흡은 한 호흡이다.

— 아래 도에서 한 옥타브 위의 도까지 1박자씩 힘차게 아랫배를 툭툭 치듯이 들이마시고 내쉬면서 발성한다. 그리고 다시 위의 도에서 아래 도까지 1박자씩 아랫배를 내밀면서 들이마시고 내쉬기를 하며 발성하되, 남아 있는 호흡이 없도록 모두 비웠다가 다시 처음 상태에서 호흡한다.

3) 음의 높낮이

음의 높낮이는 발음 하나하나에 신경을 쓰면서 문장 길이의 폭만큼 부드럽고 자연스럽게 풀어 주어야 한다. 즉, 물 흐르듯이 높낮이를 준다.

음의 높낮이는 구연에서 해설을 할 때 가장 유용하게 쓰이므로, 천천히 때로는 빠르게 가끔은 바다로 힘차게 달려가듯이 표현하는 것은 동화의 전체적인 분위기를 이끌어 갈 수 있는 중요한 부분이다.

4) 문장 제시

가을에는 나무들이 으쓱! 으쓱! 키 재기를 하면서, 높은 하늘에 떠 있는 구름아저씨와 해님 아주머니에게 인사를 해요.

➔ 가을에는(5박자)/ 나무들이(3박자)/ 으쓱!(2박자)/ 으쓱!(2박자)/ 키(1박자)/ 재기를(3박자)/ 하면서(4박자)/ 높은(2박자)/ 하늘에(3박자)/ 떠(1박자)/ 있는(3박자)/ 구름 아저씨와(7박자)/ 해님 아주머니에게(5박자)/ 인사를(4박자)/ 해요(3박자).

➔ **가을에는**('가' 에서부터 반달모양을 그리면서 '는' 을 올린다.)
나무들이(한 박자씩 같은 음으로 한다.)
으쓱!('으~' 는 한 박자 반, '쓱!' 은 반 박자 강하게)
키(한 박자로 짧고 강하게)
재기를('재' 에서부터 '를' 까지 자연스럽게 올린다.)
하면서('하' 에서 올리고 '서' 까지 자연스럽게 내린다.)
높은(같은 음으로 처리한다.)
하늘에('하' 는 올리고, '늘' 은 중간쯤 내리고, '에' 는 '하' 와 같은 음으로 한다.)
떠 있는('떠' 는 한 박자, '있' 은 내리고, '는' 은 '떠' 와 '있' 의 중간 음으로 반원으로 올린다.)
구름 아저씨와('구' 는 내리고, '름' 은 올리고, '아저씨와' 까지는 박자를 생각하면서 천천히 한다.)
해님 아주머니에게('해' 와 '님' 은 같은 음, '아' 는 올리면서 '게' 까지 고개를 끄덕이며 '안녕?' 하고 인사하듯이 올린다.)
인사를('인사' 는 같은 음으로 하고, '를' 은 올린다.)
해요('해' 는 1박자 사이를 두고 반원을 그리듯이 하고, '요' 는 부드럽게 하면서도 중간 음으로 조금 강하게 마무리한다.)

2. 발성법 및 감정 표현과 공감대 형성

1) 발성법

발성은 호흡과 마찬가지로 소리의 보조수단의 역할을 한다. 또한 발성은 성대모사를 하기 위한 기초적인 작업이다. 그러므로 호흡과 발성의 기본이 되어야 목소리 연기를 현장감 있게 할 수 있다.

발성을 할 때에는 문자 하나하나를 정확한 입 모양을 만들어 가면서 발음해야 한다. 특히 여성은 가성을 많이 쓰는데, 이는 소리가 높아질수록 목 뒷부분으로 소리를 밀어 올리기 때문이다. 이때 호흡과 발성으로 조절을 잘 해준다면 절대 찢어지는 듯한 소리가 나지 않는다. 또한 목소리가 가녀린 사람도 발성 연습을 통해 우물처럼 깊고 자연스러운 음색과 음성을 가질 수 있다.

바른 발성을 위해서는 올바른 자세가 필요하다. 바른 자세로 발성하느냐 그렇지 않으냐에 따라 소리가 달라지며, 그에 따른 구연의 효과도 달라진다.

또한 호흡의 길이를 길게 하느냐 짧게 하느냐에 따라서 소리가 달라진다. 그리고 음의 길이를 몇 박자로 나누어서 조정하는지에 따라서도 다르게 들리고 다르게 만들어진다. 입 안에 탁구공을 머금은 듯이 오므리거나, 활짝 핀 꽃이 아름다운 향기를 내뿜듯이 입을 활짝 열어서 천천히 또는 빠르게, 크고 작게, 강하게 혹은 약하게 소리의 속도나 세기, 그리고 크기를 조절해 가며 또박또박 표준어를 구사하도록 한다.

2) 감정 표현과 공감대 형성

사람들마다 소리를 아주 작게 내는 10도 음에서부터 최고 절정의 음인 100도까지 목소리의 기준이 있다. 0~10도는 속삭이듯이 사랑스러운 소리이다. 20~30도는 아기를 재울 때 자장가를 부르듯이 내는 소리이며, 30~40도는 가장 편안한 소리로 조금은 여유 있게 내는 소리라고 볼 수 있다. 50~60도는 조금은 빠르게 무엇인가에 갑자기 놀란 것처럼 내는 소리이며, 60~70도는 갑자기 좋은 일이 생겨서 기쁨을 감추지 못할 때 내는 소리와 같다. 또한 70~80도는 중요한 사건의 실마리를 긴장해서 찾아 헤매듯이 긴박하게 내는 소리이며, 80~90도는 위급한 상황을 알리듯이 내는 소리이다. 마지막으로 90~100도는 폭발할 정도로 화가 났거나 너무 좋아서 탄성을 지를 때 내는 소리 등으로 볼 수 있다. 이와 같이 각 발성마다에는 단계가 있다

3) 문장 제시 I

사과 하나 따서 동생 주고
사과 두 개 따서 친구 사랑이 주고
사과 세 개 따서 친구 대롱이도 주고
사과 네 개 따서 누나 주고
사과 다섯 개 따서 형 주고
사과 여섯 개 따서 엄마 드리고
사과 일곱 개 따서 아빠 드리고
사과 여덟 개 따서 할머니 갖다 드리고
사과 아홉 개 따서 할아버지 갖다 드리고
사과 열 개 따서 내가 다~ 먹어야지.

➔ 10도에서 100도까지 한 문장을 한 호흡으로, 발음을 생각하면서, 음의 길이와 폭을 느낌을 가지고 또박또박 사이사이를 띄워 가면서 연습해 보자.

4) 문장 제시 II

똥 싸고, 또 싸고, 더 먹고, 덜 먹고.

➔ '똥' 은 최대한 강하게(100도) 친다. '싸' 는 80도, '고' 는 70도, '또' 는 90도, '싸고' 는 80~70도, '더' 는 60도, '먹고' 는 50도, '덜' 은 60도, '먹고' 는 40도.

콩 깍지에 콩깍지가 끼였어. 그래도 먹어야 해.

➔ 강약을 잘 조율하면서 자신의 소리의 무게를 느껴 보자.

5) 문장 제시 III

● 음의 리듬과 호흡의 길이를 생각하면서 반복적으로 연습해 보자.

봄에는 봄에는요, 들과 들~에 산과 산~에 꽃들이 활~짝! 활~~~짝! 고개를 들~~고 방긋! 방~~~긋! 인사를 하고요~? 해님 아주머니도~? 바람 아저씨도! 서~~로~? 서~~~로! 마주보고~~? 인사~~~를 해요.

여름에는 여름~~~에는요? 새~콤! 달~~콤! 빠~알간 딸기! 노~~오란색 옷을 입은 참~~~외! 초록색 옷을 입고 새~색시처럼 수줍게 웃고 있는 수~~~~~박~! 할아버지 수염 속에 꼬~옥꼭! 숨어서 숨바꼭질 하는 옥수수~! 가지런~~~히~? 가지런~~히! 거꾸로 매~~달려 있는 가지~~! 나는~~~? 나는! 다~~~? 좋아해요.

가을에는요? 시원한 바람~~이~? 동쪽? 서쪽! 남쪽? 북쪽! 슈~~~~~웅! 왔~~다~? 갔~다! 하면서 숲속 친구들에게 울~긋? 불~~긋~! 무지개를 선물해요. 탱~글! 탱~~~글! 똑! 똑! 똑! 벼들은 벼들~~은? 빨리! 빨~리~? 바깥세상 구경하고 싶다고~! 똑! 똑! 똑! 농부아저씨는 기분이 좋아서~? 해!해!해!

손이 시려워 꽁! 발이 시려워 꽁! 겨울에는~요? 하늘에서 하~얀! 눈이~? 소리 없이 내리고 우리들은~? 야~~~~~~~~호! 야! 야! 야!~호~! 눈을 뭉치로 굴려서! 동~그라미! 동그라미!~? 커다란~! 두~~눈 삐뚤~! 빼뚤! 못생긴 눈썹! 울~퉁? 불~퉁! 납작코! 멋~있는~! 눈사람을~~? 만들고 동그라미 하나~? 동그라미~! 둘! 뭉치고! 뭉쳐서! 눈싸움도 해요.

- 음의 리듬과 음수를 생각하면서 반복적으로 연습한다.

봄에는 들과
산에산에 꽃들이
활짝활짝 고개를
들어들어 방긋방긋
인사를 하고요,
해님 아주머니도
바람 아저씨도 서로서로
인사를 해요.

여름에는 새콤달콤 빠알간
딸기딸기! 노란색 옷을 입은
참외참외! 초록색
옷을 입고 새색시처럼
수줍게 웃는 수박수박!
할아버지 수염 속에
꼭꼭 숨어 있는
장난꾸러기
옥수수옥수수!
가지런히
가지런히
거꾸로
매달려 있는
가지가지!

가을에는
시원한 바람이
산들산들,
숲속 나무들도
이쪽으로 한발자욱
저쪽으로 한발자욱
춤을 추며 노래하고요,
탱글탱글 벼들은 빨리빨리
밖으로 나가고 싶다고
똑! 똑! 똑! 농부아저씨는
기분이 좋아서 하!하!하!

겨울에는 하늘에서
하얀 눈이 소리 없이
소리 없이 내리고요,
우리들은 야호! 야호!
눈사람을 만들고,
동글동글 눈을 뭉쳐서
퉁! 퉁! 퍽~!
눈싸움도 해요.

1. 발음을 정확하게 구사한다.
2. 바른 자세로 한다.
3. 입모양을 예쁘게 한다.
4. 한호흡으로 한다.

3. 소리와 발성법

소리는 구연의 보조수단이다. 구연동화는 소리를 통해서 자연스럽게 구연하는 것인데, 구연에 있어서는 자기 자신의 호흡, 즉 소리와 음색의 길이 및 장단점을 잘 파악하여 자기화 시키는 노력이 무엇보다 중요하다.

소리는 발성과 발음, 성대모사와 직접적인 관계를 이루고 있다. 이러한 발성은 바른 자세를 가지고 호흡의 길이를 어떻게 조정하고 조율하느냐에 따라서 여러 형태의 소리로 만들어진다. 그러므로 바른 자세를 하고, 정확한 발음을 구사하기 위하여 입술 모양을 예쁘게 공처럼 오므리거나 꽃처럼 활짝 피게 하면서, 천천히 혹은 빠르게, 크거나 작게, 또박또박 표준어로 구연을 하도록 한다.

1) 발성 연습

① 10도에서 100도까지 호흡을 조절하며 한다.
② 힘을 주거나 힘차게 내뱉는다.
③ 첫 발음과 마지막 발음을 자연스럽게 한다.
④ 천천히 발음하면서 자기 자신이 낼 수 있는 최대의 소리음까지 입 모양을 조절하면서 발성한다.
⑤ 10도에서 30도까지 한 호흡으로, 50도에서 70도까지 연결한다.
⑥ 20도에서 40도까지 한 호흡으로, 60도에서 80도까지 연결한다.
⑦ 30도까지 한 호흡으로 짧게 숨을 들이마시고, 50도까지 연결하고, 짧게 반 호흡한 후 100도까지 연결한다.
⑧ 50도까지 한 호흡으로 연결하고, 80도에서 짧게 반 호흡한 후 100도까지 자신의 최대 소리음까지 올린다.

2) 모음에 의한 발성법

— 아, 야, 어, 여, 오, 요, 우, 유, 으, 이
아 : 아~ 봄이 왔어!

야 : 야~호! 진달래꽃, 개나리꽃, 향기로운 냄새!

어 : 어? 어디어디 숨었니?

여 : 여기여기 숨었지?

오 : 오~우! 그래? 여기 있었구나.

요 : 요기 있는 줄 모르고 찾았네.

우 : 우리 함께 갈래?

유 : 유리알같이 투명한 나의 품으로!

으 : 으잉~? 정말! 정말이야?

이 : 이렇게 좋은걸~!

3) 자음을 이용한 발성법

– 가, 나, 다, 라, 마, 바, 사, 아, 자, 차, 카, 타, 파, 하

가 : 가자 가자 바다로 가자(노래하듯이 힘차게)

나 : 나랑 너랑 손에 손 잡고(이야기하듯이)

다 : 다 같이 가는 거야(부드럽게)

라 : 라일락이 핀 언덕으로(시 낭송 하듯이)

마 : 마차를 타고(자연스럽게)

바 : 바람 따라 구름 따라

사 : 사이좋게 어깨동무 하고

아 : 아름다운 들길을 따라서

자 : 자연을 노래하며

차 : 차도 한 잔 마시고

카 : 카메라로 추억도 찰칵!

타 : 타 버릴 듯한 저 붉은 태양도

파 : 파란 바나처럼

하 : 하늘자락 따라 노래를 한다.

4. 표현법 및 제스처(gesture) 사용 범위와 음의 리듬, 음의 수

1) 표현법

구연동화는 교사가 유아들에게 가장 쉽고 빠르면서 자유롭게 접근할 수 있는 능동적인 학습으로, 구연동화를 통해 유아들과의 친밀감과 정서적 공감대를 형성할 수 있다. 또한 유아들 간에도 서로 함께 웃고 즐기고 느끼면서 또래들과의 자연스러운 유대감을 형성하게 해 주고 협동심을 키워 준다. 그리고 유아 개개인에게는 자신감을 갖게 해 준다.

구연할 때에는 자유롭게 표현하고 발표하면서 자신의 느낌과 감정을 충분히 담아 준다. 구연을 통해 감정의 표출과 더불어 언어학적인 변화로 이입되는 변화적인 수용능력을 볼 수 있는데, 가령 기쁘거나 슬프거나 화가 났을 때 스스로 능동적인 자세로 자신을 이미지화 시킬 수 있다.

동화를 구연으로 표현할 때 우리는 신체를 이용하게 되는데, 시각적인 언어 표현을 극대화시킬 수 있는 동작인 제스처(gesture)를 활용하게 된다. 제스처는 구연의 언어학적 보조기법이라고 할 수 있다. 제스처를 사용하는 것은 동화의 전반적인 사실적 느낌을 살리는 데 매우 효과적이다.

제스처를 통해 우리 몸 전체가 언어로서 표현될 수 있다. 눈과 손끝 그리고 시선 처리를 하면서, 공을 굴리며 춤을 추듯 자연스럽고도 편안한 자세로 몸을 움직이며 리듬감 있게 표정을 입체화 시킨다.

2) 제스처(gesture) 사용 범위와 음의 리듬, 음의 수

① 제스처(gesture)1 : 표정 관리

눈길, 즉 시선 처리와 눈썹 모양, 입술 모양, 코의 움직임, 두 볼의 크기 조절 등을 한다.

● 예문 제시

— 대롱이는 장미 백 송이를 받고 기분이 너무너무 좋았어요.

— 해님이 환하게 웃으며 인사를 하자 달님도 밝게 웃으며 인사를 해요.
— 싫어! 맨날 맨날 나만 꼴~찌래!
— 넌 누구니~? 처음 보는데?
— 반짝~! 반짝! 빛나는 밤하늘의 별을 한번 쳐다보렴~? 엄마별이 아가별을 찾고 있나 봐.
— 동쪽 서쪽 남쪽 북쪽, 어느 쪽으로 가면 무지개를 만날 수 있을까~?
— 우리가 오늘 해야 할 일은 뭘까요~?
— 날씨가 더우니까 땀도 나고 짜증나요!
— 바람 아저씨랑 구름 아저씨는 해님 아주머니만 남겨 두고 놀러 가셨나 봐요.

② 제스처(gesture)2 : 고개

목의 좌우, 상하의 방향과 반 고개 숙임과 온 고개 숙임으로 문장이 주는 의도적인 느낌을 감정으로 살린다.

● 예문 제시

— 대롱아! 이제 너랑 헤어져야겠어~! 우리 엄마가 콩나물 사오래!
— 난! 일등하기로 결심했어! 용기가 생겼거든?
— 나~오늘 A+받았다~? 더 열심히 해서 장학금 받아야겠어!
— 그거는, 그거는 내가 그러려고 한 건 아닌데… 그게~ 그러니까…….
— 나는, 나는 너만 바라보는 해바라기 할래.
— 오~우~? 그래? 정말 대단한 걸~? 참! 잘했다!
— 아이~참~? 안 돼~. 그건 안 돼! 안 된단 말이야!
— 저기요~, 제가요~, 제가 먼저 가면 안 될까요?
— 어머, 그걸 기억하셨군요? 고맙습니다.
— 오늘도 잊지 않고 오셨네요. 감사합니다
— 아니~? 아니야~! 내가 그런 게 아니라고!
— 어떡하지? 분명히 여기에 있었는데… 어디로 갔지…?

③ 제스처(gesture) 3 : 어깨

어깨를 안쪽으로 오므렸다 폈다 하거나, 내리거나 올리면서 상황을 설정한다.

● 예문 제시

— 으쓱! 으쓱! 누가 누가 더 큰지 한번 볼까?
— 정말~ 난 왜 이러지? 너무 잘하는 거 같아!
— 으~~ 추워라! 봄인데 왜 이렇게 춥지~?
— 좋아! 좋아~! 너무 좋아!
— 아무래도 안 되겠어. 난 왜 이러지?
— 그~래? 왜 그랬는데~? 안 해도 되는 거잖아!
— 모르겠어! 그 아이는 도무지 이해할 수 없어!
— 너무 실망스럽다. 일등만 했었는데 꼴찌가 됐어…….
— 어제 밤 새워 공부를 했더니 피곤하다.

④ 제스처(gesture) 4 : 허리

허리를 반만 굽혔을 때와 완전히 굽혔을 때, 뒤로 폈을 때와 옆으로 돌릴 때의 인물들의 성격과 지위를 묘사해 보자.

● 예문 제시

— 아이고~ 허리야. 비가 오려나~? 얘~! 에미야, 장독 뚜껑 닫아라.
— 예~ 어머님 제가 알아서 하겠습니다.
— 허! 허! 이것 참! 아~ 글쎄 강 영감이 어떻게 하루아침에 부자가 됐지?
— 돌배야~! 돌배야! 어여 문 열거라!
— 아~ 예~예예! 여부가 있겠습니까요?
— 아~니! 그런데 돌배야 마당은 쓸었는고~?
— 아~ 예~예예. 왼쪽으로 한 번 오른쪽으로 한 번 동서남북 했는뎁쇼~?
— 돌배야! 어여 고무신 대령하렷다!
— 아이고~ 허리야. 여기가 저긴가, 저기가 여긴가~? 분명히 여기가 거기인 것 같은데…….

⑤ 제스처(gesture) 5 : 손

손가락이나 팔, 손 전체를 사용하면서, 지시를 하거나 가리켜 말할 때 손끝까지 시선이 머물도록 한다. 손을 사용하는 동작을 할 때는 원을 그리듯이 시작과 끝마무리를 둥그렇게 말아 올리며 자연스러운 제스처를 사용한다.

● 예문 제시

— 저기 동구 밖을 보세요. 해님이 산 속으로 숨고 있어요.

— 요기는요, 예쁜 꽃이 있고요, 저기 저기는요, 나무들이 있어요.

— 저기 저 산 너머에는 할머님 댁이 있고요, 저 아래 시냇물을 건너면 학교가 있어요.

— 저기 학교를 지나면 공원이 있어요.

— 이쪽에서 저쪽으로 가려면 지하도를 지나서 왼쪽으로 돌아가야 해요.

— 이쪽으로 오시겠어요? 도서관으로 가는 길은 저쪽이거든요.

— 왼쪽으로 가면 시청이고요, 오른쪽으로 가면 도청이에요.

— 왼손은 오른쪽 눈을 가리고요, 오른손은 왼쪽 눈을 가려 보세요.

— 하나만 알면 둘, 셋, 넷, 다섯까지도 기억할 수 있어요.

— 둘이서 걸어가면 호랑이도 무섭지 않을 거예요.

— 딩동! 딩동! 누구세요?

— 짝짝! 짝짝짝! 들어오세요.

— 누굴까? 누구지?

　네 공은 동그라미야. 네 가방은 네모이고, 지우개도 네모야.

— 책은 네모이고, 연필은 길쭉해.

제3부

구연의 실제

1. 구연의 실제

구연의 실제는 성대모사라고 할 수 있다.

구연은 음성적인 언어교육으로, 도입과 해설 및 대사를 통해 구연자와 듣는 사람을 하나로 동화된 감정으로 이끌어 나아가는 과정을 말한다. 또한 영?유아들에게 말과 글에 관심을 갖게 해 주고, 총체적인 언어 학습 능력을 길러 주는 전인교육이다.

언어의 상상력은 사고력과 깊은 연결고리를 가지고 있다. 그러므로 이러한 언어에 있어서는 음성언어의 리듬과 음의 높낮이, 얼굴 표정과 동작 등을 설정하여 성대모사를 통해 등장인물들을 연출한다. 언어를 통해 각자의 내면적인 성격과 인격, 성격, 성품을 알 수 있지만, 표현하는 개인마다 약간의 차이는 있다.

말의 의미적 개념을 명확히 파악하여 언어가 주는 상상력을 유발시킴으로 풍부한 상상력과 창의적인 사고력을 증신시키고, 삶의 지혜와 교육적인 감동을 전달하는 것은 구연가의 몫이다. 하지만 개인의 성품과 인품을 드러내고, 창의적 사고력을 끌어내는 언어의 중요성 대해서는 우리 모두가 깊이 인식해야 할 것이다.

2. 구연 전개 방법

구연동화의 전개를 학습적으로 살펴보면, 첫 번째는 도입, 두 번째는 시작, 세 번째는 이야기의 전개와 절정, 네 번째는 마무리 등 단계적으로 전개시켜 간다.

첫 번째 도입 부분에서는, 작품이 의도하는 교육적인 내용을 암시해 주고 주인공에 대한 신비로움과 궁금증으로 듣는 이들을 동화 속으로 빠져들게 한다.

두 번째 시작단계는 전체적인 작품의 흐름을 해설하는 단계이다. 이 단계에서는 동화의 배경과 장소, 시간을 말해 주고, 무슨 일이 일어날까? 재미있는 이야기일 것 같다, 주인공을 따라가 보자 등과 같은 내용으로 모두의 관심이 집중될 수 있도록 한다.

세 번째 이야기의 전개와 절정 부분에서는 긴장과 긴박감을 주면서 주인공이 이야기의 중심인 핵심인물로 절정에 다다르게 한다.

네 번째 마무리 부분에서는 의도적으로 교훈적이고 교육적인 강요하지 않도록 유의

해야 하고, 듣는 유아들이 스스로 '나도 착해져야지' '공부를 열심히 해야지' '장난치지 말고 말썽 안 부려야지' 라고 느낄 수 있도록 감성적으로 유도하면서 마무리한다.

1) 도입 부분

구연자는 동화의 주인공의 성격과 성품을 이야기하면서 주인공과 동화의 내용을 상상하게 해 주고, 유아들의 호기심을 자극한다.

이때는 손가락 수만큼 손뼉 치기를 한다든지 동화와 관련된 동요나 간단한 손유희로 분위기를 이끌어 가는 것도 하나의 방법이다.

2) 시작

동화 속의 배경을 해설로 시작한다. 시작은 동화의 사건이 전개되어질 장소나 계절, 날씨, 시간을 암시하는 중요한 부분이며, 언제, 어디에서 무슨 일이 생길까에 대한 사건의 시작을 알린다. 이때 너무 감정적으로 전개해서는 안 된다. 또한 큰 소리로 해서도 안 되며, 음률의 장단점을 최대한 살려서 집중도를 높이고, 어린이들이 직접 동화 속의 주인공이 되어 보도록 유도한다.

3) 이야기의 전개와 절정

이야기를 천천히 풀어 간다. 주인공이 무엇을 하고 있는지, 어떻게 했는지, 누굴 만났는지 등 주인공과 등장인물들과의 연결고리를 만들고, 긴장감을 주어 스릴 있게 이야기를 이끌어 가면서 흥미진진한 가운데 사건이 절정에 이르게 한다. 이 부분에서는 전달하고자 하는 주제와 메시지를 강하고 힘차게 구사해야 한다.

주의할 점은 구연을 빠르게 해서는 안 된다는 것이다. 긴박감을 더해 주기 위해 빠르게 구연하기보다는, 문장이 주는 느낌대로 호흡과 속도를 조율해야 한다. 이때는 구연자와 보고 듣는 어린이들이 하나의 공감대를 형성해야 하며, 간접적인 체험이 직접적인 경험이 되도록 한다.

4) 마무리

교육적으로 훈계하지 말자. 느낌표 하나 정도만 아이들 가슴에 남겨 주도록 하자. 이야기의 사건을 해결하고 마무리한다. 이때는 동화의 주제와 제목이 주는 핵심 요소가 살아 있도록 해야 하며, 희망적인 내용으로 감동적인 끝맺음을 한다.

3. 성대모사

성대모사는 구연의 필수이며, 구연 기법 중 최고라고 할 수 있다. 즉, 구연의 실체이다. 구연자가 성대모사를 할 수 없다면 구연자로서의 자격이 부족한 것이다. 성대모사는 연령에 관계없이 구연자가 다양한 목소리로 연기하는 것으로, 인물, 동물, 생물과 무생물, 자연의 모든 것들의 묘사가 가능하다. 구연은 호흡과 발성의 기본적인 요소만 알고 있다면 누구든지 노력해서 자기화할 수 있는 매력적인 것이다.

모든 동화 작품들 속에는 주인공과 등장인물들이 있다. 물론 사람만 등장할 수도 있겠고, 동물들만 등장하는 작품도 있을 것이다. 그러나 이야기가 흘러가도록 하거나 이야기에 속도감을 주기 위해서는 부분 부분마다 사람과 동물들이 공존한다. 그러므로 등장인물들이 잘 구분되도록 목소리를 설정하여야 하며, 소리와 음의 수를 정확하게 파악하여 소리만 듣고도 누구인지 누가 대사를 하는지 분별이 되도록 해야 한다. 즉, 등장하는 동물들의 행동하는 모습과 소리가 동일해야 하고, 마찬가지로 사람의 경우에도 움직임과 연령에 맞는 얼굴 표정과 제스처를 적절히 안배하여 대사를 처리하며 극적인 감각으로 연기한다.

4. 구연(극) 연출법

1) 할아버지

제시어 : "아이구."

▶ 자세 : 어깨의 힘을 빼면서 천천히 아랫배 쪽으로 호흡을 내리고, 양 발은 어깨 넓이를 벗어나지 않게 하고, 엄지발가락으로 자신의 몸무게를 지탱한다.

▶ 몸동작 : 목을 약간 뒤로 젖힌다. 허리는 사선으로 돌린다. 두 손은 허리 뒤로 깍지를 낀다. 왼쪽 발 모양을 조금 바깥쪽으로 향하게 한다.

▶ 입모양 : '아' 를 하면서 입술을 천천히, 아주 느리게 주먹이 들어갈 정도의 크기로 최대한 동그랗게 연다. 이때 위 치아와 아래 치아가 보이지 않게 한다.
'이' 를 하면서 입술을 반쯤 오므린다. 이쯤이면 위 아래 치아가 살짝 보인다.
'구' 를 하면서 입술을 앞쪽으로 모은다.

▶ 호흡 : 상체, 즉 가슴을 살짝 올리면서 배 모양이 반달처럼 쏙 들어가게 한다. 숨을 들이마시고 호흡을 가슴 위로 올려놓는다.

2) 할머니

제시어: "아이구."

▶ 자세 : 가장 편안한 자세를 취한다. 얼굴 전체에서 모든 곳의 힘을 뺀다. 고개는 약간 내리면서 조금만 앞으로 내민다. 물론 목의 힘도 빼 주면 좋다.

▶ 몸동작 : 얼굴을 약간만 아래로 향한다. 목과 턱 사이의 간격을 좁힌다. 허리를 구부정한 상태로 하고 한 손은 허리에, 한 손은 지팡이를 든 것처럼 한다. 상체와 하체를 자연스럽게 연결한다.

▶ 입모양 : 입술의 힘을 전부 뺀다. 틀니를 뺀 것 같은 느낌이 들도록 하고, 입술 사이를 옆으로 하게 한다. 턱으로 입술을 움직인다. '아' 를 하면서 숨을 들이마시고, '이' 를 하면서 반 호흡 하고, '구' 와 함께 나머지 호흡을 한다.

▶ 호흡 : 몸 전체적으로 힘이 없는 상태이기 때문에 구름 위에 앉아 있는 기분으로 하면 가볍게 되겠다.

3) 아버지

제시어 : "여보, 나 왔어요."

- 자세 : 자신 있고 당당한 자세로 아랫배에 반 호흡 정도로 힘을 주고, 고개와 턱을 자연스럽게 수평이 되게 한다.
- 몸동작 : 시선을 멀리 한다. 한 손은 바지 주머니에 넣고, 한 손은 자유롭게 움직이든지 서류봉투를 든 액션을 하고, 두 다리는 기본 정자세를 취한다.
- 입모양 : 입술은 너무 크지도 작지도 않게 하여, 보는 이로 하여금 편안함을 주도록 한다. '여보' 하면서 입 안은 텅 비게 하고, 입술은 앞으로 조이듯이 모은다.
  '나' 를 하면서 입술을 열고 혀의 중간이 보이도록 한다. '왔어요' 를 하면서 입술 모양을 꽃봉오리처럼 만든다.
- 호흡 : 두성으로 한다. 숨을 들이마시면서 머리 속으로 깊숙이 끌어 올린다. 머리를 울리면서 호흡을 천천히 입 밖으로 내보낸다.

4) 남자아이

제시어 : "나 몰라."

- 자세 : 양 어깨와 두 발의 넓이를 맞춘다. 턱을 약간 당기면서 턱 아래쪽과 목 안쪽에 힘을 준다. 어깨에 힘을 준다. 움츠러들지 않도록 주의한다.
- 몸동자 : 눈동자를 동그랗게 굴린다. 두 주먹을 쥔다. 상체를 약간만 뒤로 한다. 두 다리는 일자가 되게 한다. 발뒤꿈치에 몸무게를 반쯤 실어 본다.
- 입모양 : 윗입술보다 아랫입술에 힘을 많이 주고, '나' 를 하면서 입은 크게 열지 않는다. '몰' 을 하면서는 입을 최대한 작게 모은다. '리' 는 평소 자신이 편하게 말할 때의 크기로 한다.
- 호흡 : 턱을 안쪽으로 당기면서 숨을 들이마신다. 턱 안쪽과 목 중간 부분이 닿는 느낌이 들도록 당기면서 호흡을 내보낸다.

5) 여자아이

제시어 : "왜 그래."

▶ 자세 : 고개는 약간 아래를 향한다. 목 뒷부분에 힘을 준다. 턱 안쪽에 힘을 주면서 가슴 사이에 힘을 실어 준다.

▶ 몸동작 : 고개를 까닥거린다. 한 손의 엄지와 검지를 움직이면서 다른 한쪽도 보조를 맞추듯이 꼼지락거린다.

▶ 입모양 : 입술은 아주 작고 귀여운 꽃 몽우리로 만들고, 이제 막 꽃망울 터트리려는 모양으로 '왜' 를 한다. '그' 를 하면서 위아래 치아를 맞닿게 한다. '래' 를 하면서 혀끝이 아래치아 안쪽 끝부분에 닿게 한다.

▶ 호흡 : 턱을 당기면서 가슴으로 숨을 들이마신 후 목 중간 부분에 놓는다. 그런 후 호흡을 치아 사이로 조금씩 조금씩 밖으로 내보낸다.

6) 돼지

제시어 : "꿀꿀꿀, 배고파요."

▶ 자세 : 몸 전체의 무게를 발바닥으로 모은다. 목과 가슴은 텅 비우듯이 하고, 상체의 힘은 아랫배에 두고 하체의 무게는 발가락과 뒤꿈치에 모은다.

▶ 몸동작 : 고개를 앞쪽 아래로 살짝 떨군다. 두 손은 주먹을 쥐어 양 볼에 올린다. 무릎을 굽힌다. 엉덩이를 뒤쪽으로 향하게 한다.

▶ 입모양 : '꿀꿀꿀' 은 소리 나는 대로 읽지 말고 코고는 소리를 낸다. 입술 근육 전체적으로 힘을 푼다. 콧구멍을 벌렁거리면서 코뼈 쪽으로 모든 신경세포가 몰리게 하며 '배고파요' 를 한다.

▶ 호흡 : 호흡은 기본적인 기법으로, 아랫배를 안쪽으로 당기면서 숨을 들이마신다. 이때 호흡을 코로 올리고 대사를 하면서 콧구멍으로만 내쉰다.

7) 도깨비

제시어: "뭐라고, 난 모르는데."

▶ 자세 : 목을 사선이 되게 하면서 힘을 준다. 어깨를 살짝 올린다. 아랫배를 힘껏 허리 쪽으로 밀면서 발가락에 힘을 모은다.

▶ 몸동작 : 방망이를 든 것처럼 두 손가락을 모아서 포개듯이 한다. 고개는 로봇처럼 까닥거린다. 두 다리는 바쁘게 움직이면서 걸음의 폭을 또박또박 끊듯이 종종거린다.

▶ 입모양 : '뭐' 를 하면서 입모양을 옆으로 한다. 위아래 치아와 혀가 보이도록 하여 '라고' 를 하면서 위의 치아만 보이게 한다. '난' 은 목구멍을 막고 목에 힘을 힘껏 주고 소리를 내지르듯이 말한 후 '모르겠는데' 라고 말한다.

▶ 호흡 : 턱을 내려서 목에 바짝 붙이면서 숨을 크게 들이마신다. 목소리 통을 막아 버린다. 호흡을 천천히 내쉬면서 아랫배를 서서히 조아 본다.

8) 호랑이

제시어 : "어흥, 나는 왕이다!"

▶ 자세 : 상체를 기준으로 아랫배를 튕기듯이 하면서 허리 쪽으로 힘껏 당긴다. 엄지발가락에 몸의 중심을 모은다.

▶ 몸동작 : 두 손가락을 갈퀴처럼 한다. 눈썹이 끝나는 지점으로 손가락 끝을 올린다. 허리는 약간 굽힌다. 몸을 반달 모양으로 자연스럽게 만든다.

▶ 입모양 : '어' 를 하면서 입안을 우물처럼 깊고 둥글게 한다. 이때 위아래 치아가 하나도 보이지 않게 한다. '흥' 을 하면서 위아래 치아를 맞물리고 입술모양은 예쁘게 살짝 웃을 때의 모양으로 만든다. '나는' 을 하면서 '어' 와 '흥' 을 할 때와 마찬가지 입 모양을 만들고 '왕이다' 를 한다. 대사를 하면서 입 모양을 깊고 둥글게 만들고, 천천히 말하면서 자신의 목소리가 나오지 않게 한다. 음색은 아버지의 성대모사를 할 때처럼 머리통을 울려서 두성으로 소리를 내야 한다.

▶ 호흡 : 턱 선을 자연스럽게 목 부분으로 내리고 아랫배를 천천히 밀면서 천천히 그리고 깊게 숨을 들이마신다. 대사와 함께 호흡을 서서히 내보낸다. 목으로 호흡이 올라가면 안 된다. 꼭 머리를 울려야 한다. 두성으로 하면 굵은 음색의 위엄 있고 용감한 소리를 낼 수 있다.

9) 까마귀

제시어 : "까~악! 까악! 어디로 가는 거야?"

▶ 자세 : 목을 길게 위로 향한다. 턱이 목 중간 부분과 맞닿은 기분으로 자연스럽게 붙이면서 가슴과 배 등을 반달모양으로 만든다. 발가락에 몸무게를 실어야 한다.

▶ 몸동작 : 손가락을 활짝 핀 꽃모양으로 만든다. 양 어깨는 훨훨 날아가는 새처럼 강하고 힘차게 움직이면서 상체는 앞쪽으로 비스듬하게 기울인다. 무릎은 '기역자'가 되게 한다. 발 모양을 팔자 모양으로 하여 바깥을 향하게 한다.

▶ 입모양 : '까~'를 하면서 입술에 힘을 준다. 입 안에 혀만 보이도록 한다. 자신이 만들 수 있는 최고 크기로 입술모양을 만들어야 한다. '악!'을 하면서 소리가 강하고 힘차게 입천장이 닿게 하며 '까악!' 을 반복한다. 입술의 형태를 다듬으면서 '어디로 가는 거야?'를 한다.

▶ 호흡 : 양 어깨를 자연스럽게 들어올린다. 아랫배를 힘차게 당기면서 숨은 자신이 들이마실 수 있는 최대의 양을 들이마신다. 아랫배를 튕기듯이 하면서 숨을 가슴 위로 올려놓으며 숨을 멈춘다. 아마 배를 허리 쪽으로 밀착시킨 느낌이 들 것이다. 숨을 멈춘 상태에서 천천히, 느리게 아주 느리게 꽃봉오리가 활짝 피어나는 아름다운 모습을 연상하면서, 입모양을 꽃피우듯이 열며 호흡을 밖으로 보낸다.

지금까지 성대모사를 통한 극 연출법을 살펴보았다. 이처럼 성대모사는 호흡의 높이와 길이가 중요하며, 숨을 신체 부위 중 어디에서 끌어올리고 어디에다 올려놓아야 할지, 어느 쪽으로 힘을 옮기고 어디쯤으로 이동하여 몸무게를 실어야 할지에 따라 소리가 달라진다. 또한 입술모양의 여러 가지의 형태와 발음, 입모양을 어떻게 만드느냐에 따라서 여러 가지의 목소리를 만들 수 있다.

위에 제시된 예문만이라도 꾸준히 반복적으로 연습한다면 여러분은 구연을 성공적으로 재미있고 실감나게 할 수 있는 구연자가 될 것이다.

제4부

동화 장르 구분 (연출법과 대본)

1. 극동화
2. 앞치마동화
3. 융판동화
4. 과학동화
5. 놀이동화
6. 생활 속의 동화

옛날 어르신들이 손자 손녀에게 구수한 입담으로 들려주시던 구전동화가 시대가 바뀌게 되면서 그 맥이 전래동화로 이어졌고, 엄마가 아이를 재우면서 읽어 주는 문장동화와 오늘날의 구연동화에 이르기까지 다양한 종류와 형태의 매체로 전달 · 보급되었다.

구연동화에 극적인 요소를 첨가하여 극적인 이미지를 극대화 시킨 극동화를 비롯하여 앞치마동화, 융판동화, 막대동화, 과학동화, 놀이동화, 율동동화, 창작동화, 동요동화, 생활 속의 동화 등 다양한 장르의 동화들이 등장하였다.

컴퓨터가 없거나 매스미디어가 발달하지 않았던 시절, 아이들은 윷놀이나 땅따먹기, 딱지치기, 구슬치기, 고무줄놀이, 공기놀이를 하며 놀았다. 그러나 시대가 변화하면서 현대의 아이들은 고사리같이 작은 손을 꼼지락거리며 컴퓨터 게임을 즐기고, 매스미디어를 통해 놀이하고 공부하는 등 요즘 아이들의 정서에 맞추어 듣고 보고 만지고 느끼며 직접 체험하는 영역별 체험학습으로 언어전달의 메시지가 달라졌다.

1. 극동화

극동화는 연극의 성격을 띠고 있으며 역할극이라고도 한다. 극동화는 먼저 동화를 각색하여 대본으로 완성한다. 그리고 배역을 선정한 후, 구연자 한 사람이 구연을 하는 게 아니라 여러 사람이 함께 등장하여 맡은 역할을 각자 구연한다. 이때는 앉거나 가만히 서서 하는 게 아니라 무대 위에서 손유희와 몸동작 제스처를 한다. 한 장면이 넘어가는 대본 중간마다 동요나 율동, 음향을 넣어 효과적으로 연출한다.

다음 작품은 몇 해 전에 빈 예술단 어린이 단원들이 무대에 올렸던 작품이다.

꼬마 요리사

작/연출: 문 빈

등장인물:

- 사회자/ 구동훈
- 요리쿡조리쿡 팀/ 영석, 한민, 혜진
- 냠냠쩝쩝 팀/ 나현, 원석, 성홍
- 매콤달콤 팀/ 희정, 연정, 승환, 지안

1장

무대 : 출연자들 요란스럽게 요리 기구를 두드리면서 연습중이다. 음악과 함께 사회자 등장. 갑자기 조용해진다.

사회자 : 마이크 테스트! 하나 둘 셋! 하나 둘 셋! (헛기침) 안녕하십니까? 에~ 오늘, 오늘은 오늘의 요리상을 뽑는, 오늘의 요리대회…(헛기침을 하면서 뿡~ 방귀를 크게 뀐다. 안절부절 못하면서 항문을 한 손으로 막는다. 그러나 다시 뿡뿡뿡~ 방귀와 함께 헛기침을 하면서 얼굴이 붉어진다). 예~ 오늘의 요리대회를 시작하겠습니다. 오늘 대회의 진행을 맡은, 구수하고 고소하고 맛있는 요리를 동에 번쩍 서에 번쩍 소개해 드릴 구동훈입니다!
(다시 한 번 방귀를 길게 뿡~ 뀐 뒤 항문을 막으면서) 먼저 한 팀 한 팀 소개하겠습니다. 한 팀 한 팀 소개할 때마다 뜨거운 박수 부~탁 드립니다. 먼저 참가번호 1번 요리쿡조리쿡 팀입니다! 이 팀이 요리할 '요리조리'는 무슨 요리인지 참 궁금합니다! (고개 갸우뚱) 그럼 재료 설명 부탁드립니다~.

영석 : 흠! 흠! 에~ 그러니까 우리가 만들 빵을 요리 쿡!(손가락 왼쪽) 조리 쿡!(손가락 오른쪽) 하는 겁니다.

한민 : 야야~, 똑바로 해! 밀가루, 밀가루부터 설명해야지!

혜진 : (가슴을 친다) 어휴~ 답답해. (사회자 옆으로 나온다) 이 하얀 가루를 조물락 조물락 반죽을 해서 건포도를 요리~쿡! 조리~쿡! 하는 겁니다.

동훈 : 아~ 쿡! 쿡! 그래서 '요리~쿡! 조리~쿡!' 이군요. 자~ 그럼 참가번호 2번을 소개합니다! 냠냠쩝쩝 팀!

원석 무대 중앙으로 나온다. 관객을 향해

원석 : 여러분 '냠냠, 쩝쩝' 이게 무슨 소리인지 아십니까? 네? 뭐라고요? 네~맞습니다! 우리가 맛있는 요리를 아주~ 아주 맛있게 먹을 때 나는 소리입니다. 아마… 오늘의 요리상은 우리가 타게 될 것입니다.

동훈 : (원석을 잡아당긴다) 자리로 들어가시죠.

성홍 : (원석을 쳐다보며 눈을 흘긴다) 너 정말 못 말리겠어.

나현 : (냄비를 높이 들면서) 여러분, 이것이 무엇이겠습니까? (탁! 탁! 친다) 네~ 맞습니다. 냄비, 냄비입니다. 자~ 이 냄비 안에 이 가래떡과 어묵을 넣고 푹~ 익히면서~? 고추장 한 순갈을 듬~뿍~! 넣으면? 아, 실수! 순서가 바뀌었습니다. 어쨌~~든! 떡볶이가 되는 것입니다.

동훈 : 재료와 요리 순서가 바뀌긴 했지만, 이거~ 벌써 먹고 싶은데요~. 자~! 이번에는 참가번호 3번 매콤달콤 팀을 소개합니다!

지안 : 여러분 안녕하세요~! 매콤달콤 팀입니다! 매~콤~달콤! 맛이 느껴지지 않으십니까? 오늘 우리가 만들 요리는 카~레, 카레입니다. 지금부터 재료 설명을 시작하겠습니다. 자~, 홍당무부터 렛츠 고~!

승환 : 쿵자작 쿵짝! 무엇이 그렇게 부끄러울까~ 홍! 당! 무!

연정 : 아~? 아그야! 아! 왜 일케 못생겼나~? 울퉁불퉁 감~~자!

희정 : 지리산 생수와 삐리리리~뚜기 카레가 만났다. 삐리리~?표 카레!

지안 : 너희가 우릴 만난 건 행운이었어! 이름하여(다같이) 요리 특! 공! 대!

동훈 : 네~ 잘 알겠습니다. 요리 특공대 정말 기대되는군요. 자~ 그럼 지금부터 한입에 쏘~~옥! 맛있는 요리 기대하겠습니다. (퇴장)

음악과 함께 각 팀은 요리를 시작한다.
다 같이 음악에 맞춰서 춤춘다. 음악이 끝나자 영석, 한민 반죽하면서 장난친다.

혜진 : 야! 너희들 지금 뭐 하는 거야? 쪼물락 쪼물락, 쫀득쫀~~득! 하게 반죽을 잘 해야지!

영석, 한민 : (같이) 잘 하고 있잖아~!

혜진 : 어디 봐! (반죽을 잡아당겨 보고는) 야~! 떨어지잖아! (반죽하는 시범을 보이며) 이렇게 해 봐, 알았지? (다 같이 열심히 반죽을 한다.)

영석 : 남자 체면이 이게 뭐람?

한민 : 야! 요새는 남자가 빨래도 하고 요리도 해야 사랑 받는 거야.

영석 : 우리 아빠는… 안 하시던데?

혜진 : 야! 영석이 니네 아빠는 구석기시대 사람인가 보다. 우리 아빠는 청소도 하고, 빨래도 하고, 설거지도 하시는데.

영석 (시큰둥하면서도 열심히 반죽을 한다.)

원석, 성홍이 가래떡을 한 입씩 베어 물고 맛있게 먹는다. 나현이 화를 낸다.

나현 : 내가 못 살아요, 정말! 한 개씩~ 한 개씩~! 떼어서 냄비에 넣으라고 했더니 먹고 있어요!

이 말에 흠칫 놀란 원석과 성홍이 떡을 꿀꺽 삼켜 버린다.

성홍 : 나는~, 나는 그러니까 안 먹으려고 했는데… 원석이가 한 개쯤은 먹어도 된다고 해서….

원석 : 나현아! 너도 한 개만 먹어 봐, 맛~있어!

나현 : 그거, 그렇게 다~ 먹어 버리면 떡볶이는 뭘로 만들 거야?

원석 : 떡 한 입 베어 물고 고추장 한 번 찍어 먹고! 그러면 되~~지!

성홍 : 그~래! 그러면 되겠다. 어차피 우리가 먹을 건데 뭐.

나현: 1등 안 하고 싶어?

원석, 성홍 : 1등? 1등, 당연히 하고 싶지!!

나현 : 그러면 열심히 해야지! 쟤들 좀 봐라.

원석 : 쪼물락~ 쪼물락! 히히~ 재미있겠다!

성홍 : 재미있겠다가 뭐야! 우리도 열심히 하자! (열심히 떡 떼어 넣고 주걱으로 젓는다. 지안이 야채 달라고 한다. 나현 양배추를 다듬는다.)

지안 : 나현아! 그거 양배추네?

나현 : 그래! 이렇게 한~겹, 한~겹! 떼어서 냄비에 넣을 거야.

지안 : 근데 내가 야채 준비를 못 했거든?

나현 : 그래서?

지안 : 그래서 말인데, 조금만 빌려줘라~.

나현 : 안 돼!

승환 : 야~! 그러지 말고 조금만 빌려줘.

희정 : 떡볶이는 양배추 많이 넣으면 맛이 없어. 좀 줘도 되겠네, 뭐~.

연정 : (나현이 옆으로 간다) 좀 줘라~ 나중에 우리 엄마한테 니랑 나랑 떡볶이 사 주시라고 할게.

나현 : 아~니. 우리가 지금 하고 있는 이게 뭔지 아니?

연정 : 떡볶이.

희정 : 야, 너는 나중에 시집갈 때도 엄마랑 같이 갈래? 이래도 엄마, 저래도 엄마. 그리고 야! 이나현! 좀 똑똑하게 굴어라. 얼굴만 예쁘면 뭐 하니? 마음이 예뻐야지. 치사하게~.

승환 : 야! 정말 치사하다. 좀 나눠줘도 되겠네.

원석 : 뭐라~고? 야! 너 지금 치사하다고 그랬냐? (주걱 들고 나온다.)

승환 : (뒤집개 들고 나온다) 그래~ 한번 해 보시겠다!

원석 : 앗~쭈그리그리그리~!

음악/ 원석, 승환 씩씩대며 뒤집개와 주걱을 칼싸움 하듯이 마주대고 무대를 빙빙 돈다. 연정이가 둘 사이를 갈라놓는다.

연정 : 야아~ 싸우지 마. 우리 엄마가 그러는데 친구끼리는 그러는 거 아니래.

원석, 승환 씩씩거리며 제자리로 가면서 떡 하나씩 물고 간다.

나현 : 별것도 아닌 걸로 싸우고 그래. (지안에게 양배추 건네주며) 자, 이 정도면 되겠지?

지안 : 고마워.

희정 : 진작 그럴 것이지. 재료 준비 다 했다고 큰소리치더니 야채는 왜 빠뜨렸냐?

지안 : 글쎄… 분명히 챙겼었는데… 자~ 빨리빨리 하자!

희정 : 그래 빨리 하자. 연정아 너도 어서 감자 볶아! 승환이는 잘 하고 있지?

승환 : 달달달~ 달달달~ 달달! 나야 잘 하고 있지.

희정 : 장난치지 말고 잘 볶아!

2장

음악/ 세 팀 모두 열심히 요리를 한다. 동훈 등장.

동훈 : 으~음! 이 고소~~한 냄새! 베리베리 헝그리해지네요.
여러~분! 요리는 다 되어 가겠죠?

다 같이 : (경례하면서) 옛~설!

동훈 : 자 그럼 어디 한번 볼까요?
요리쿡조리쿡 팀!

요리쿡조리쿡 팀 : (다 같이 경례하며) 옛설~!

동훈 : 자~! 그럼 어디 한번 볼까요?
(영석 반죽 밀고 한민, 혜진 동그랗게 만들고 있다.) 그런데… (한민, 혜진을 가리키며) 이건 제법 빵모양 같은데 (영석 옆으로 가며) 여기는 꼭 칼국수를 만들 것처럼 밀고 계시네요?

영석 : 모르시는 말씀~! 이렇게 얇게 밀어서 내가 좋아하는 초콜릿을 넣고 초코비스킷을 만들 거예요. 고로~~? 내가 개발한 최초의 과자빵이다~ 그 말씀이죠.

한민 : (동훈 귀에다 살짝) 얘는요~, 욕심이 많거든요. 그래서 배가 저렇게 빵~빵~!하대요.

혜진 : 둘이 사귀니?

한민 : 아… 아무것도 아니야.

혜진 : 치! 아무것도 아니긴 뭐가 아무것도 아니야! 나도 알건 다~~ 안다 뭐.

한민 : 삐~지기는?

영석 : 야~, 빨리빨리 하자.

한민, 혜진: 알았어.

동훈 냠냠쩝쩝 팀으로 이동한다.

동훈 : (냄비에 코를 갖다 대며) 우~~와! 이거 냄새가 캡빵!인데요?

나현 : 그~럼요, 내가 누군데요!

원석 : 한번 맛 좀 보실래요?

성홍 : 그래요, 한번 먹어 볼래요? 아마 맛이 끝~내 줄걸요.

나현 : 아직 안 돼! 맛있게 끓을 때까지 아무도 먹을 수 없어!

원석 : 우리 라면도 넣자.

성홍 : 라면?

원석 : 그~래! 라면, 라면을 넣으면 라볶이가 되는 거야.

나현 : 라면은 안 돼!

원석, 성홍 : 왜~~애?

나현 : 중요한 건…

원석, 성홍 : 중~요한 건?

나현 : 라~면이? 라~면이! 없다는 슬픈 사실이야.

원석 : (이마를 치며) 오~?마~마~이 갓!

동훈 : (고개를 흔들며 옆 팀으로 이동) 이거이거 시간이 얼마 남지 않은 것 같은데 잘 되어 가십니까?

희정 : 말도 마세요.

동훈 : 왜요?

희정 : 얘가요, 글쎄, 빠뜨렸대요.

지안 : 야~~!

승환 : 좀 그럴 일이 있어요.

연정 : 이제 거의 다 섞어서 끓여야 하는 거 아니니?

희정 : 어디 보자. 대~충! 된 거 같다.

지안 : (연정 프라이팬을 들여다보면서) 어디? 그래, 섞~어? 섞~어 보자.

동훈 : 자! 여러분! 이제 시간이 별로 없습니다. 마무리해 주세요. 잠시 후 요리 평가가 있겠습니다. (퇴장)

음악/ 참가팀 춤
모두 부지런히 요리한다.

3장

한민 : 시간이 얼마 안 남았대.

성홍 : 걱정이다, 정말.

승환 : 모두들 힘내시고 자! 맛있게 아주 맛있게 요리를 만들자고요.

음악/ 각 팀 춤추다 제자리로 돌아가 요리 접시에 담아낸다.

나현 : (접시에 요리 담으며) 왜 이렇게 떡이 없지? 원석이 너! 네가 다 먹었지?

성홍 : 아닌데… 아까 분명히 한 개씩밖에 안 먹었는데….

원석 : (웃으며) 웅! 분명히 한 개밖에 안 먹었지~~!

영석 : (원석 옆으로 온다) 네가 한 개밖에 안 먹었다고?

한민 : (영석 잡아당기며) 남의 일에 신경 쓰지 말고 너~~나 잘하세요.

혜진 : 쉬잇! 알았어. 쉬잇! 야! 영석이 너두 쉬~~잇 해!

영석 : 알았어 쉬잇!

나현 : (한숨 쉬며) 휴우~ 이건 떡볶이가 아니라 완전히 양배추 볶음이다. (나현 원석을 흘겨본다. 원석은 나현이의 눈치를 보며 카레를 만들고 있는 매콤달콤 팀으로 도망가다 넘어진다.)

원석 : 아이쿠! 아야! 엉덩이야, 내 엉덩이! 떡볶이 두 번만 했다가는 내 엉덩이

푸른 별 되겠네. (지안 옆으로 간다) 누나! 나 넘어졌어.

지안 : 야! 누나라고 하면 어떻게 해! 네 자리로 가 빨리!

희정 : 쟤가 네 동생이었니?

원석 : 누나는… 엄마한테 일러 줄 거야, 치! 동생이 넘어져서 엉덩이에 피가 나는데도 모른 척하고.

지안 : 어휴~ 내가 못살아. 어디? 어디 봐! 아무렇지도 않네 뭐!

원석 : 그래도! 아프단 말이야!

지안 : 그래? 그럼 이리 와. 누나가 호~ 해줄게. 엉덩이 내밀어 봐.

원석 : (엉덩이 내민다. 지안이 원석의 엉덩이를 꾹 누른다.) 아야!

지안 : (웃으며 제자리로 돌아오다가 요리를 보고 깜짝 놀란다) 아~~! 큰일이다!

팀 전체 : 왜~~애?

지안 : 빠졌어.

팀 전체 : 빠졌어?

지안 : 응~ 빠졌어.

팀 전체 : 뭐가 빠졌는데?

지안 : 이거 봐.

승환 : 도대체 뭐가 빠졌단 말이야?

연정 : 빠지기는 뭐가 빠졌다고 그래?

희정 : 뭐긴 뭐겠냐? 또 분명히 재료가 빠졌겠지!

지안 : (큰 소리로)고기가 빠졌어~~!

팀 전체 : 고기? 고기가 빠졌어~?

지안 : 분명히 엄마가 아침에 냉동실에서 고기 꺼내는 거 봤는데.

원석 : 누나! 그건 엄마가 아침에 찌개에 넣으려고 꺼낸 건데….

지안 : 그럼 내 고기는~?

팀 전체 : 빠~졌어, 고기가 빠~졌어.

지안 : 어떡하지?

연정 : 어떡하긴 뭘~ 어떡해. 그냥 하는 거지 뭐.

승환 : 우리 아빠는 숟가락 없어도 젓가락으로 뭐든지 잘 드시던데.

희정 : 그럼~ 무늬만 카레?

팀 전체 : 무늬만 카레?

연정 : 맞아, 맞아. 무늬만 카레~. 노란색이면 되잖아.

희정 : 지안이 너! 우리 상 못 받으면 네가 다 책임져! 스타일 다 구겼어. 진짜!

지안 : 미안해.

희정 : 내 남자친구한테 자랑했는데… 1등 못하면 어떻게 하냐?

연정 : 와~아, 남자친구?

팀 전체 : 남 ? 자 ? 친 ? 구?

희정 : 그래, 남자친구.

연정: 나도 남자친구 있는데…. 그 앤 참 착한데.

팀 전체 : 연정이도 남자친구?

승환 : 넌 나밖에 없다고 했잖아.

연정 : 흥! 넌 그것도 몰라? 사랑은 움직이는 거야.

승환 : 치!

희정 : 니네들은 공부는 안 하고 맨날 TV만 보니? (알밤 한 대씩) 조그만 것들이 못하는 말이 없어.

4장

음악/ 동훈 무대 한 바퀴 근사하게 돌면서 등장.

동훈 : 자, 자! 여러분, 주어진 시간이 다 되었습니다. 어디 요리쿡조리쿡 팀부터 한번 볼까요? 어이쿠 찐빵에 웬 똥~~파리?

한민 : 찐빵에는요, 건포도가 들어가야 맛~~있거든요?

혜진 : 네~ 맞아요.

영석 : 아~니! 사회자님은 그것도 모르세요?

혜진 : (빵을 떼어서) 한번 먹어 보세요. 찐빵이~ 찐빵 맛이 끝~내줘요.

요리쿡 조리쿡 팀 : 찐빵이~~ 찐빵이~? 끝~~내줘요!

한민 : 사회자님, 자~ 아~~!

동훈 : 아… 아니 됐습니다.

영석 : 에~이, 일단 맛을 한번 보시라니까요.

동훈 : (냠냠쩝쩝 팀으로 도망간다) 휴우~. 음~ 이 냄새!

원석 : 냄새가 죽~~이죠?

성홍: 그런데… 떡은 없어요.

동훈 : 떡볶이에 떡이 없다니요.

성홍 : 어쨌든 그렇게 됐어요. 근데요, 미인은 뭘 많이 먹어야 하는지 아세요?

동훈 : (머리 긁적거리며) 글쎄요….

성홍 : 에~이 그것도 모르세요? 야채! 야채요~! 야채를 많이 먹어야….

나현 : 나처럼 이렇게 미~인이 되는 거예요.

팀 전체 : 우~~

나현 : 사회자님, 잘 보세요. (동훈을 데리고 무대 중앙으로 나온다.) 이 오~똑한 코! 이 앵두 같은 입술~! 또랑또랑한 눈! 모르겠어요?

팀 전체 : 우~~

희정 : 쟤 좀 봐! 공주병이 심각하네.

동훈 : (나현 주위 돌며) 글~쎄~요~.

팀 전체 : 글~쎄~요~.

나현 : 떡을 많이 먹으면(동훈을 데리고 영석 옆으로 가서 영석의 배를 두드린다.) 배가 빵! 빵!

영석 : 빵! 빵? 빵은 여기 있어.

한민 : 빵! 빵!은 그 빵이 아니야 바보야.

동훈 : (매콤달콤 팀으로 가면서) 도대체 뭐가 뭔지 모르겠군! 유휴~ 이 괴상한 냄새의 정체는?

승환: 냄새가 죽~이죠!

원석 : 얌마! 그 대사는 내 대사야.

승환 : 또 한 번 해 볼래? 너 이리 나와 봐!

원석 : 앗! 쭈그리그리그리~!

음악/ 승환과 원석이 각자의 요리 기구를 들고 무대를 3바퀴 돈 후 갑자기 멈춘다.

승환 : 우리 이러면 안 되는 거 아냐?

원석 : 그러게? 그런데 네가 붙자고 한 거잖아.

연정 : (뛰어나오며) 니네들 또 왜 이래?

팀 전체 : 엄마한테 혼나요.

승환 : 아무도 날 방해할 순 없어!

원석 : 그~래! 너 잘났다.

연정 : 야! 원석이 너는 저리로 가고? 승환이 너는 이리 와.

희정 : 사회자님, 아마도 우리 요리가 최고일 걸요?

팀 전체 : 최~고일 걸요?

동훈 : 도무지 모르겠군요. 첫 번째 팀은 찐빵에 똥파리가 더덕더덕! 으~~.

팀 전체 : 똥~파리~?

한민 : 똥~파리가 아니라 건포도라니까요!

동훈 : 떡볶이에 떡은 하나도 없고, 야채가 미인이 어쩌고저쩌고.

나현 : 야채를 많이 먹으면?

팀 전체 : 야채를 많이 먹으면?

나현 : 미~인이 된다고요.

팀 전체 : 미~인이 된다고요~!

동훈 : 떡 없는 떡볶이에 고기 빠진 카레라… 심히 괴롭군요.

팀 전체 : 심히 괴롭군요.

동훈 : 이 일을 어쩐다?

팀 전체 : 이 일을 어쩐다?

지안 : 아하~! 이렇게 하면 어떨까?

팀 전체 : 어떻게?

지안 : 모든 요리를 다~ 모아서!

팀 전체 : 다~ 모아서?

지안 : 달달달!

팀 전체 : 달달달?

지안 : 섞어! 섞어! 섞는 거야!

팀 전체 : 섞어! 섞어! 섞는 거야? 그래서?

지안 : 쿡~쿡!

팀 전체 : 쿡~ 쿡!

지안 : 냠냠쩝쩝!

팀 전체 : 냠냠쩝쩝?

지안 : 매~콤! 달~콤!

팀 전체 : 매~콤! 달~콤!

동훈 : 그게… 그러면 먹을 수 … 있을까요?

영석 : 어쨌든 해 보는 거죠.

혜진 : 정말~ 근사한 요리가 될 것 같다!

나현 : 야! 그렇게 뒤죽박죽 된 요리를 먹을 수 있을까?

원석 : 그러면… 오늘의 요리상은?

동훈 : 글쎄요… 여러분 모~두가 하는 거니까… 심히 괴롭습니다….

성홍 : 야~ 해 보자. 쿡! 쿡!

팀 전체 : 쿡! 쿡!

희정 : 섞어~ 섞어!

팀 전체 : 섞어~ 섞어!

연정 : 달달달! 달달!

팀 전체 : 달달달! 달달!

승환 : 냠! 냠! 쩝! 쩝!

팀 전체 : 냠! 냠! 쩝! 쩝!

지안 : 매~콤! 달~콤!

팀 전체 : 매~콤! 달~콤!

음악/ 다같이 춤

동훈 : 여러분~~! 조용히 합시다. 발표하겠습니다.

팀 전체 : 뚜구! 뚜구! 뚜구! 뚜구!

동훈 : 오늘의 요리상은?

팀 전체 : 뚜구! 뚜구! 뚜구! 뚜구! 오늘의 요리상은?

동훈 : 여러분들의 뒤죽박죽 협동심을 감안하여!

팀 전체 : 감안하여~?

동훈 : 오늘의 요리상은!

팀 전체 : 오늘의 요리상은?

동훈 : 여러분 모두의 것입니다!

팀 전체 : 와~~!! (환호하며 무대 중앙으로 나온다.)

음악// 팀 전체 춤

2. 앞치마동화

앞치마동화의 특징은 누구나 쉽게 만들 수 있고, 빠른 시간에 제작할 수 있는 장점이 있다는 것이다. 준비물도 간단하다. 연령이 낮은 유아에게 학습적인 목적으로 주로 많이 활용하며, 짧은 시간에 집중도를 높일 수 있다. 또한 특별한 도구를 사용하지 않고도 만들 수 있다. 배경과 등장인형들의 특징만 잘 살린다면 훌륭한 작품이 될 수 있다. 단, 부직포를 이용하여 인형을 제작하기 때문에 실연을 할 때 떨어지지 않게 주의해야 하며, 인형의 뒷부분에 찍찍이(벨크로)를 붙일 때 인형을 잡는 손이 인형의 몸통이나 눈이나 머리를 잡지 않도록 손동작에 신경을 써야 한다.

전체적인 배경이 되는 색감과 등장인형들의 배색의 조화를 미리 고려해서 제작한다. 배경이 되는 앞치마의 색깔이 너무 진하거나 연하거나 하면 인형들이 잘 구분되지 않기 때문이다. 배경색이 기본적인 하늘색이면 앞치마 하나로 여러 작품의 동화를 응용할 수 있다.

1) 앞치마동화 제작 과정

① 동화를 선택한다.

② 동화의 배경으로 앞치마의 색깔을 고른다.

③ 등장인형과 특징을 메모한다.

④ 등장인형의 그림을 그린 후 오려낸다.

⑤ 오려낸 인형의 뒷부분에 벨크로를 붙인다.

준비물 : 부직포, 실, 바늘, 가위, 본드

2) 실연/ 짧은 구연동화

누가 마당에다 똥 쌌어?

문 빈

제비 한 마리가 '지지배배 지지배배' 처마 밑 둥지 속으로 날아가고 있어요.

"벌레를 너무 많이 먹었나 보다. 날기가 힘들어. 집으로 가서 좀 쉬어야겠어. 아고 배야. 배가 아프다. 어쩌지? 똥이 나올 것 같은데…. 에이 나도 모르겠다. 찌이익~!"

제비는 아무 데나 '찌이익!' 똥을 싸고는 둥지 속으로 숨어 버렸어요.

"멍멍멍! 멍! 멍! 대롱이가 유치원 갔다 올 시간인데? 대문 밖으로 마중 나가야지~. 내가 좋아하는 사랑이랑 같이 올지도 모르겠는걸."

대롱이네 강아지 키키는 대롱이를 무척 좋아해요. 매일매일 동네 한 바퀴를 돌면서 대롱이와 달리기 시합도 하고요, 엄마 심부름도 항상 같이 다녀요.

"멍멍멍! 멍! 멍!" 꽈당~! 쿵!

"아야! 누구야? 누가 여기에다 똥 쌌어?"

똥을 밟고 미끄러져서 엉덩이를 쿵하고 다친 키키는 화가 났어요. 그래서 키키도 아무데나 똥을 싸 버리기로 했어요. 그러면 키키가 미끄러지도록 똥을 싸 놓고 도망간 사람도 미끄러져서 쿵하고 엉덩방아를 찧을 거라고 생각했어요. 키키는 대문 앞에도, 대문 옆에도, 뒤에도 발자국을 찍듯이 여기저기 똥을 마구마구 싸 버렸어요. 그리고 숨어서 누가 지나가는지 지켜보았어요. 키키는 누가 똥을 싸고 도망갔는지 정말 궁금했거든요.

"엄마~! 할머니~! 할아버지~! 키키야~! 대롱이 유치원 다녀왔어요~!" 그때 대롱이가 문을 열고 들어왔어요.

"어? 키키가 안 보이네. 또 낮잠 자나보다. 쿵! 아야! 누가 여기에다 똥 쌌어!"

대롱이가 그만 키키가 싸놓은 똥을 밟고 미끄러져 쿵하고 엉덩방아를 찧고 말았어요.

키키는 대롱이가 미끄러지자 미안하고 창피해서 눈을 감고 자는 척했어요. 대롱이는

키키가 안 보이자 키키를 찾기 시작했어요.

"키키야~! 어딨니~? 나 왔어. 대롱이 형아가 왔다고! 키키가 어딜 갔지?"

늘 반갑게 맞아 주던 키키가 보이지 않자 걱정이 된 대롱이는 집안 이곳저곳을 둘러보았어요.

"키키가 어딜 갔지? 어디 아픈가? 키키야~ 어디 있니~?"

여기저기 찾던 대롱이는 한구석에 쪼그리고 누워 있는 키키를 발견했어요.

"키키야, 왜 그렇게 쪼그리고 누워 있어? 어디 아파? 오늘은 형아 마중도 안 나오고."

"응, 그냥 배가 좀 아파서 그래."

"그랬구나. 키키야 형아랑 놀이터 놀러 가자. 그런데 키키야, 누가 여기에다 똥 쌌는지 너는 아니?"

"똥? 똥… 몰라! 나는 똥 안 싸고 아무것도 안 했어!" 키키는 시치미를 떼고 말했어요.

대롱이와 키키는 놀이터에 누가 먼저 가는지 달리기 시합을 하기로 했어요.

"키키야, 출발한다. 준비~이 땅!"

누가누가 먼저 놀이터에 도착할까요? 키키도 대롱이도 있는 힘껏 달렸어요.

대롱이와 키키가 놀이터에 가고 없는 사이에 '찍찍찍!' 아기 생쥐가 마당으로 놀러 나왔어요. 키키가 있을 땐 무서워서 꼼짝도 할 수가 없거든요.

"아구구~! 마당이 왜 이렇게 더러워졌지? 여기 조그만 똥은 누구 꺼지? 아니~ 저기 저 똥은 또 누구 똥이야? 도대체 누가 여기에 이렇게 똥을 많이 싸 놓은 거야? 여기저기 아무렇게나 똥을 싸는 게 재미있나보네. 히이~ 그럼 나도 한 번 싸 볼까?"

'찍찍찍!' 아기 생쥐도 마당 곳곳에 마구마구 똥을 싸 놓고는 도망가 버렸어요.

구름 아저씨를 따라 달님 오빠를 만나러 가는 길이던 해님 아가씨는 제비와 키키, 찍찍이 아기 생쥐의 행동을 보고는 웃음을 참을 수 없었어요. 바람 아저씨는 이 모습을 보고 어떻게 야단을 칠까 고민이 생기셨어요.

노인정에 계시던 할머니께서 집으로 돌아오셨어요. 마당으로 들어서시던 할머니는 크고 작은 똥들이 마구 널려 있는 마당을 보시고 깜짝 놀라셨어요.

"아~니! 이게 무슨 일이람! 마당이 온통 똥 천지네. 어디 보자. 요건 제비똥이고, 아~ 이건 우리 키키 똥이잖아! 이 콩알만 한 똥은 쥐똥인가~? 아니 어쩌다 우리 집 마당이 이리 됐누. 안 되겠어. 빗자루로 깨끗이 청소부터 해야겠어."

할머니는 빗자루를 들고 쓱싹쓱싹 똥들을 모두 쓸어서 쓰레기통에 넣으셨어요. 그때 놀이터에 놀러 나갔던 대롱이와 키키가 집으로 돌아왔어요.

"할머니, 다녀왔습니다. 어! 똥이 다 어디로 갔지?"

"아~ 욘석아, 똥이 보이면 치워야지! 마당에 온통 똥 잔치가 벌어졌었어요. 그나저나 이 일을 어쩐다…."

"할머니, 무슨 걱정 있으세요?"

"제비도 그렇고, 키키도 그렇고, 아기 생쥐도 모두 똥을 한 곳에다 눌 수 있도록 해 줘야겠다."

"어떻게요, 할머니?"

"여기 텃밭 한구석에다가 동물 화장실을 만들어야겠다. 그리고 팻말을 하나 만들어 '똥은 이곳에다 누세요.' 라고 써 놓으면 되지 않겠니?"

"할머니, 좋은 생각이에요. 그럼 제가 팻말을 만들게요."

대롱이네 집 마당 한쪽에 동물 화장실이 생겼어요. 앞으로는 제비도 키키도 아기 생쥐 찍찍이도 아무 데나 똥을 누지 않을 거예요. 이 모습을 지켜보던 해님 아가씨도, 바람 아저씨와 구름 아저씨도 빙긋이 웃었어요.

고구마가 똥을 먹는대

문 빈

햇살이 창문을 두드리자 대롱이는 해님에게 반갑게 인사를 하고 화장실로 뛰어갔어요.

"아고 배야! 똥이, 똥이 나올 거 같아. 으~! 배 아프다."

"대롱아~! 어딨니~? 아침 먹자."

"저! 여기요. 화장실! 똥이, 똥이 나오려는 것 같아요."

"그~래? 손 씻는 거 알지? 세수도 하고 나와."

" 아… 아~ 알았어요. 휴우~ 시원하다. 히이~?"

" 뽀드득! 뽀드득! 했어?"

"그럼요, 내가 누군데요."

"네가 누군데?"

"그거야! 엄마 아들 대롱~ 대롱~? 착하고 멋있는 남자 이대롱이죠?"

"어서 아침 먹고 유치원 가야지~?"

"네~ 엄마!"

'랄랄라~ 랄랄라~' 대롱이는 아침부터 신이 났어요. 왜냐하면 오늘은 유치원에서 고구마를 심으러 가는 날이거든요.

"친구들 앞으로 나란히~! 나란히~! 한 줄 기차 하세요~!"

"칙! 칙! 폭! 폭! 하나~! 둘~! 셋~! 넷~!"

선생님의 호루라기 소리에 맞춰서 친구들 모두 차례차례 유니콘 차에 탔어요. 노래를 부르면서 손뼉도 치고 모두들 얼굴에 웃음꽃이 활짝 피었어요.

" 자~! 이제 다 왔어요. 차례, 차례! 줄을 서서 천천히 내리세요."

기사 아저씨도 기분이 좋으신가 봐요.

"와~! 신난다. 얘들아! 다 왔대. 어서 내리자."

"친구들~! 천천히 앞자리 친구부터 내리자. 넘어지면 안 돼요."

선생님께서는 한 사람 한 사람의 손을 잡아 주었어요. 다시 한 줄로 서서 선생님의 호루라기 소리에 맞춰 '하나! 둘! 셋! 넷!' '칙! 칙! 폭! 폭!' 고구마 밭까지 갔어요.

고구마 밭에는 할머니께서 우리를 기다리고 계셨어요.

"할머니! 할머니~! 안녕하세요?"

"오냐~ 그래~ 그래! 내 강아지들 어서 오너라. 자! 호미를 한 자루씩 들고 천천히 할머니를 따라오세요."

"네! 네! 할머니!"

할머니께서는 고구마 심는 방법을 자세히 가르쳐 주셨어요. 친구들도 선생님도 기사 아저씨도 할머니를 따라 고구마 심기를 시작했어요.

"자~! 먼저 호미를 들고 구덩이를 판다. 실시!"

"구덩이를 판다. 실시!"

"아주~ 잘 했어요. 그 다음엔 고구마 줄기를 구덩이에 넣는다. 실시!"

"고구마 줄기를 구덩이에 넣는다. 실시!"

"그리고 흙을 덮는다. 실시!"

"흙을 덮는다. 실시!"

그런데 여기저기에서 친구들이 소리를 지르기 시작했어요.

"벌레다! 벌레! 으~ 징그러워."

"어? 땅강아지다! 어! 도망간다. 야! 땅강아지 잡아! 못 도망가게 막아!"

"야!~ 지렁이 좀 봐! 고물꼬물 잘도 기어가네?"

친구들은 동화책에서 본 벌레라고 신기해서 따라다니고, 무섭고 징그럽다고 하면서 도망 다니고, 요리조리 피하면서도 재미있어 했어요. 그런데 고구마 밭에는 꼭 피자 같기도 하고 초콜릿 같기도 한 것이 여기저기 널려 있었어요. 대롱이는 궁금했어요.

"우~와! 무지 큰 초콜릿이다."

"이이잉~! 그건 초콜릿이 아니고 소똥이야, 소똥!"

"네? 또, 똥!이요?"

"그래~. 고구마는 똥을 먹어야 크고 맛있게 자라는 거야."

"얘들아! 고구마가 똥을 먹고 자란대."

"뭐? 고구마가 똥을 먹고 자란다고?"

"그~래? 웩~! 고구마가 그 맛있는 고구마가 똥을 먹고 자란다니."

"나는~ 이제 앞으로는 고구마 안 먹을래."

고구마가 똥을 먹고 자란다는 할머니 말씀을 듣고 모두들 더럽다고 다시는 고구마 안 먹을 거라고 하면서도 '삐뚤빼뚤' 고구마를 심고 돌아왔어요.

몇 달이 지났어요. 코스모스가 키 재기를 하면서 바람 따라 춤을 추는 가을이 왔어요. 오늘은 봄에 심었던 고구마를 캐러 가는 날이에요. 고구마가 똥을 먹고 잘 자랐는지 정말 궁금했어요.

"할머니~! 할머니! 안녕하세요?"

"아이구~! 우리 강아지들 고구마같이 키가 쑥! 쑤우욱! 많이들 자랐구나. 자! 호미를 든다. 실시!"

"호미를 든다. 실시!"

"그 다음엔~? 흙을 살살 천천히 판다. 실시~!"

"천천히 흙을 판다. 실시!"

"와~! 고구마다! 고구마~! 고구마가 나온다!"

"이건 왜 이렇게 울퉁불퉁 못생겼지?"

"야! 똥을 먹고 자라서 그런 거야!"

"그래? 이거는 통통해."

"내가 캔 건 길쭉해."

"요거는 동그랗게 생겼어!"

"소똥을 혼자서만 다 먹어 버렸나 보다."

"아니다 뭐!~~?"

"어! 그런데 똥 냄새가 하나도 안 나네?"

"똥을 먹고 자랐으면 똥 냄새가 나야 하는데 그치! 똥 냄새가 하나도 안 난다. 그치!"

"그러게~? 진짜 신기하나."

"고구마를 캐자! 고구마를 캐자!"

대롱이와 친구들은 고구마가 똥을 먹고 자랐다는 것도 잊어버리고 고구마를 열심히 캤어요. 집으로 돌아오는 길에 할머니께서는 자루에 고구마를 가득 담아 주셨어요.

"우리 강아지들, 내년 봄에 고구마 심으러 또 오세요."

"네~ 할머니 안녕히 계세요."

"나는~ 이거 젤 큰 고구마는 우리 아빠 드릴 거다!"

"그래? 나는 날씬한 것만 골라서 엄마 줄 건데."

"못생긴 고구마는 내가 먹을래."

"통통하게 생긴 고구마는 동생 주고."

"히이~? 못생긴 고구마는? 우리들이 먹자."

"그~래! 맛있겠다. 그치!"

친구들은 모두 두 손에 고구마를 한 아름씩 들고 집으로 돌아갔답니다.

가을 햇살처럼 따스한 꿈을 품고 말이에요.

그림이 그려진 과일나무

문 빈

산에는 나무들이 춤을 추고, 들에는 꽃들이 무지개 옷을 갈아입은 가을이에요. 깊은 숲속 오두막집에는 사과나무, 배나무, 감나무 과수원을 일구면서 그림을 그리는 화가 아저씨가 살고 있었어요.

"아침 먹고 그림 그리고, 점심 먹고 그림 그리고, 저녁 먹고 그림 그리고… 뭐 재미있는 일 좀 없을까?"

화가 아저씨는 뒷마당을 가로질러 과수원으로 갔어요. 감나무에는 감들이, 배나무에는 배들이, 사과나무에는 사과가 주렁주렁 열렸어요. 밤나무에도 화가 아저씨 주먹만 한

밤들이 자라고 있었어요.

"토실토실 알밤들이 내 주먹보다 더 크게 자랐는 걸~? 사과도 해님 닮은 얼굴로 빠알갛게 익어가고, 감과 배들도 동글동글 잘도 익어가고 있구나. 심심한데 나무들에게 선물이나 하나씩 그려 줄까?"

화가 아저씨는 커다란 팔레트에 물감을 콕콕 찍어서 예쁜 색을 만든 후 커다란 붓으로 그림을 그리기 시작했어요.

감들의 얼굴에는 피아노를 그려 주고, 밤송이에는 전화를 그려 주고, 사과의 얼굴에는 샘물을 그리고, 배 얼굴에는 아기 손을 그려 주었어요.

"피아노, 전화, 샘물, 아기 손! 허! 허! 고 녀석들 참 장난감같이 되었네그려. 무럭무럭 건강하고 맛있게 잘 익어야 한다!"

그날 오후 숲속에 사는 배고픈 여우 한 마리가 과수원을 지나다가 피아노가 달려 있는 감나무와 전화기가 그려진 밤나무, 샘물이 '쪼로록' 흐르고 있는 사과나무와 아기 손이 그려진 배나무들을 보고 너무 신기해서 과일들을 하나씩 따 먹어 보기로 했어요.

"우헤헤헤헤. 배고픈데 잘 되었다. 고것 참 신기하네! 어떤 것을 먼저 먹을까~요? 키키킥, 어디 피아노부터 한번 먹어 볼까?"

배고픈 여우는 피아노가 그려져 있는 감을 하나 똑 따서 한입 베어 물었어요.

"헤헤헤 거참 맛있네! 도~! 레~! 미~! 파~! 솔라시도~! 엥~! 피아노 소리가 나네!"

여우가 피아노가 그려진 감을 베어 물자 피아노 소리가 났어요. 이번에는 전화가 그려진 밤을 하나 똑 땄어요.

"아고고! 따가워라. 그래도 까서 먹을 거야. 돌멩이로 탁탁 두들겨서 우헤헤헤. 밤송이를 쫘악 벌리면 밤톨이 또로로록! 요걸 까서 입에 넣으면, 오~ 고소해라! 띠리리리리~! 전화 왔어요! 엥~! 전화가 왔다고? 어디? 난 핸드폰도 없는데… 누구 전화지? 아하~! 이 전화기가 그려진 밤송이를 까먹어서 그렇구나! 고것 참 신기하단 말씀이야!"

그림이 그려져 있는 과일을 먹을 때마다 소리가 나자 이번에는 샘물이 그려진 사과를 따먹어 보았어요. 그러자 '쪼로록~! 쪼로록~!' 샘물이 춤을 추는 소리가 들렸어요.

"쪼로록~! 쪼록~! 쪼로록~! 쪼록~! 샘물 소리잖아? 우헤헤헤헤. 그럼 이제 조그맣고 예쁜 아기 손이랑 악수나 해 볼까?"

짝! 짝! 짝짝짝! 짝! 짝!

"킥킥. 아기랑 악수하니까 박수소리도 나네~!"

감을 하나 따 먹자 피아노 소리가 나고, 밤알을 까서 먹자 전화가 오고, 사과를 따서 베어 무니 샘물 흐르는 소리가 나고 배의 얼굴에 그려진 아기 손이랑 악수하자 짝짝짝 박수소리가 나고…. 어느 새 배가 빵빵해진 여우는 졸음이 와 '드르렁~! 드르렁~!' 코를 골며 잠이 들어 버렸어요.

집에서 그림을 그리고 있던 화가 아저씨는 갑자기 전화벨이 울리고 샘물 흐르는 소리가 나고 피아노가 울리자 깜짝 놀랐어요

"아니! 이게 어디서 나는 소리지? 과수원 쪽에서 나는 소리 같은데~?"

화가 아저씨는 과수원 쪽을 향해 재빨리 발걸음을 옮겼어요. 그런데 이게 어찌된 일일까요? 과수원 한가운데 여우가 드러누워 '드르렁! 드르렁!' 코를 골며 자고 있는 거예요. 게다가 여우의 뱃속에서 조금 전의 그 소리들이 흘러나오고 있었어요.

"허! 허! 별일 다 보겠구만. 여우의 뱃속에서 신기한 소리가 나네."

화가 아저씨는 자고 있는 여우를 흔들어 깨웠어요.

"여우야~! 여우야~! 뭐하니?"

그러자 여우는 노래를 부르면서 잠꼬대를 했어요.

"나는야~! 나는야~! 꾀 많고 똑똑한 여~~우! 나는야~! 나는야~! 이 세상에서 젤~ 멋있는 여우지. 우헤헤헤헤! 우히히히히!"

"여우야, 여우야, 뭐하~~니?"

"아이 깜짝이야! 오~~ 귀청 떨어지겠네. 누구야~? 누가 날 깨우는 거지?"

"이 녀석아, 노래만 부르지 말고 좀 일어나 보거라!"

"어~라? 화가 아저씨 안녕하세요?"

"허!허! 그래 잘 지내지. 그런데 여우 너는 잠자면서도 노래를 잘 부르더구나!"

"헤헤헤. 그거요~? 그거는요, 제가… 킥킥킥, 감이랑 밤이랑 사과랑 배를 하나씩 따먹었거든요. 그랬더니 신기하게도 소리가 나더라고요."

"뭐라고? 그럼 내가 과일 나무들에게 선물로 그려 준 것을 네가 따 먹었단 말이냐?"

“그거야 저… 배가 고파서… 화가 아저씨가 선물로 그려 준 것인 줄 몰랐어요. 그냥 신기해서 하나씩 따먹었더니 배에서 소리가 나는 거예요. 죄송해요….”

“이 녀석아, 그건 내 나무들이란 말이야. 배가 고파서 먹고 싶으면 허락을 받고 먹어야지.”

“죄, 죄송해요. 다음부터는 꼭! 허락을 받을게요. 그리고 잘못을 사과드리는 의미로 제가 노래를 불러 드릴게요.”

“노래~?”

“네~에, 노래요.”

“그래? 그럼 얼마나 잘 부르는지 어디 한번 들어 볼까?”

“나는야~! 나는야~! 꾀 많고 똑똑한 여~우! 우헤헤헤. 나는야~! 나는야~!이 세상에서 젤~~로 멋있는 여우지~!”

여우는 화가 아저씨가 과일 나무들에게 선물로 그려 준 그림들을 다 먹어치운 게 미안해서 노래를 불러 드렸대요. 화가 아저씨도 여우의 노래를 듣고 즐거워하셨어요.

3. 융판동화

1) 융판동화의 내용 및 융판동화 만들기

융판동화는 영·유아들의 집중도를 높일 수 있는 최고의 장점을 지니고 있다. 동화의 중심적인 내용 중에서 부분적으로 동화의 흐름이나 주인공의 행동을 재미있게 연출하고자 할 때, 인형이나 배경 소품 등을 이용하여 6~8장면 정도를 활용하여 이야기 전체적인 내용을 이끌어 가면서 구연을 한다.

주로 부직포를 이용하여 등장인물을 그리거나 오려서 뒷부분에 찍찍이(벨크로)를 붙여 손쉽게 제작한다. 때로 평면보다는 입체적으로 인형처럼 만들기도 한다.

구연을 할 때는 동화의 전체적인 내용을 외워서 인형들의 움직임을 사실적으로 표현하고, 등장과 퇴장의 동선을 미리 정한다.

주의할 점은 인형의 몸이나 머리 부분을 손으로 가리거나 잡으면 안 된다. 손이나 다리 뒷부분에 찍찍이를 붙이고 검지손가락을 뒤로 밀어 넣으면서 찍찍이를 떼었다 붙였다 하도록 한다.

융판 위에 등장인물을 떨어지지 않게 붙이고, 손가락이나 발목을 좌우로 흔들면서 동작과 대사를 처리한다. 이때 뛰거나 걸어가는 장면을 표현하고자 할 때는 융판에서 손을 떼지 말고, 무대 배경 안에서 자연스럽게 손목으로 움직임과 표정을 살린다.

유아들이 가까이에서 직접 보고 들을 수 있기 때문에 대사와 성대모사를 완벽하게 구사하고, 해설을 부드럽게 곁들여서 사실적으로 구연해야 할 것이다.

2) 융판동화의 활용 및 교육적 가치

융판동화의 특징은 언어영역을 보다 효율적으로 사용하여 유아들이 흥미롭게 집중할 수 있도록 하는 언어전달력에 있다. 근래에는 융판동화의 기법이 많이 달라져서, 하드보드지나 두꺼운 상자 표면을 무대 배경으로 하거나 칠판 위에 부직포를 붙여서 하기도 한다.

그 외 여러 가지 방법이 있겠지만, 언제 어디서든 융판동화를 할 수 있고 들고 다니기

간편한 방법을 소개하겠다. 실연의 기법은 앞치마동화와 동일하다. 주의할 점은 앞치마동화와 마찬가지로 전체적인 무대의 배경과 등장인형들의 색깔을 눈에 띄게 해야 한다는 것이다. 또한 등장인형을 제작할 때 앞면과 뒷면을 모두 똑같은 모양으로 해야 한다. 이는 대사를 하면서 옆으로 돌리거나 뒤돌아갈 때 상황 설정을 잘 못하면 앞을 보고 가면서도 뒷걸음으로 가게 되는 현상이 생길 수 있기 때문이다. 특히 발이나 다리 모양을 잘 판단해서 제작해야 한다.

작은 소리 하나에도 귀를 기울이며, 작고 사소한 움직임에도 '까르르' 활짝 웃는 아이들이 있다. 그런가 하면 주인공의 행동 하나에 '훌쩍 훌쩍' 우는 아이들도 있다. 이러한 아이들에게 효과적으로 적용이 가능한 융판동화는 유아교육 현장에서 수업으로 연계해 활용할 수 있다. 이때는 발표력과 논리적인 사고력 향상을 중점으로 삼으며, 발음을 교정해 주고 잘못된 언어습관이나 잘못된 행동을 바로잡아 줄 수 있다. 그리고 느낌과 생각을 정리하도록 도와줄 수 있다. 예를 들어, 먼저 주인공의 말과 했던 행동들, 즉 주인공이 무어라 말하고 어떻게 행동했는지, 또 어디에서 있었던 일인지에 대해 이야기 만들어 가기를 발표 형식으로 하게 한다. 그리고 자신의 생각과 느낌으로 마무리하도록 이끌어 주고, 이것을 그림이나 글로 표현하도록 한다. 이와 같이 단계적으로 수업을 이끈다면 유아들의 글쓰기와 글짓기에 많은 도움을 줄 수 있을 것이다.

3) 실연/ 짧은 구연동화

유치원에 가고 싶어

문 빈

나는 나는 아기네모, 키가 작아서 친구가 없어요.

동그라미처럼 굴러다니지도 못하고 가만히 앉아만 있어요….

그때 동그라미 하나가 데굴데굴 몸을 굴리면서 아기네모한테 놀러 왔어요.

"아기네모야~ 안녕?"

"안녕…."

"아기네모야, 왜 그렇게 힘이 없어?"

"하루 종일 가만히 앉아 있었더니 엉덩이가 아파서 그래."

"그렇구나… 응… 아기네모야! 그럼~ 내 등에 타~!"

"정말? 그런데 난 움직일 수가 없는 걸~!"

동그라미와 아기네모는 고민이 되어서 하늘만 쳐다보고 앉아 있었어요.

"데굴데굴 통! 통! 통! 랄랄라~ 랄랄라~ 히야~ 신난다."

그때 저 앞에서 오빠 동그라미가 신나게 노래를 부르면서 '데굴데굴 통! 통! 통!' 굴러

왔어요.

"어~~라? 너희들 가만히 앉아서 뭐하냐?"

"오빠! 있잖아… 아기네모를 태우고 놀러 가고 싶은데 아기네모가 움직일 수가 없대."

"헤! 헤! 그거라면 문제없어! 이 오빠한테 맡겨."

"어떻게 할 건데?"

"너랑 나랑 아기네모 엉덩이 밑으로 들어가서 굴려 주면~? 그러면 되는 거지!"

"히이야~ 그렇구나!"

두 동그라미는 데굴데굴 몸을 굴려서 아기네모의 엉덩이 밑으로 쏘~옥 들어갔어요. 동그라미와 오빠 동그라미는 힘을 합쳐서 아기네모를 태웠어요.

"아기네모야! 가고 싶은 곳이 있으면 말해. 어디든지 데려다 줄게."

"응… 나는 친구들이 많이 모여 있는 유치원에 가고 싶어."

"그래? 그럼 출발한다~! 출발!"

동그라미와 오빠 동그라미는 아기네모를 태우고 친구들이 있는 유치원을 향해 출발했어요. 그런데 어쩌죠. 큰일이 벌어지고 말았어요. 동그라미 등에 타고 있던 아기네모가 그만 '쿵!' 떨어지고 만 거예요.

"아야! 엉덩이, 내 엉덩이, 엉덩이 아프다! 히이이이잉! 으아아아앙! 어? 피난다. 아아아아앙!"

낮잠을 자고 있던 엄마네모는 아기네모의 울음소리를 듣고 깜짝 놀랐어요.

"오~ 아기네모야! 왜 울고 있니?"

"히이이이이잉~ 엉덩이 쿵! 했어요."

동그라미는 엄마 네모에게 사과를 드렸어요.

"아줌마~ 죄송해요."

"야! 우리가 뭘 잘못했냐? 아기네모가 유치원에 가고 싶다고 해서 도와주려고 한 것뿐인데!"

"그랬구나~. 얘들아 고맙구나. 참! 착한 마음을 가졌구나."

"아가야~ 엄마가 업어 줄게. 이리 온~?"

"아이 참, 엄마~! 나는 움직일 수가 없는 걸. 엉덩이가 너무 아프단 말이에요."

"참, 그렇지!"

동그라미와 오빠 동그라미는 엄마네모랑 아기네모를 도와주기로 했어요.

동그라미와 오빠 동그라미가 데굴데굴 '통! 통! 통!' 힘차게 굴러서 아기네모를 엄마네모의 등 위로 밀어 주기로 했어요.

"오빠, 빨랑빨랑 해~!"

"알았어! 너도 힘껏 굴러~!"

'데굴데굴 통! 통! 통!' 동그라미와 오빠 동그라미가 데굴데굴 통! 통! 통! 아기네모를 엄마네모 등위로 올리고 나니 자동차 모양이 되었어요.

"동그라미야 고맙다!"

"힝~~ 그래도 나는 유치원 가고 싶은데…."

동그라미와 오빠 동그라미는 또 고민을 했어요. 유치원에 가고 싶어 하는 아기네모를 어떻게 하면 도와줄 수 있을까 하고 말이에요.

오빠 동그라미는 좋은 생각을 해 냈어요. '데굴데굴' 자동차 바퀴가 되어서 아기네모를 유치원까지 데려다 주기로 말이에요.

"아기네모야! 우리가 바퀴가 되어서 널 유치원까지 데려다 줄게."

"정말? 정말이지~?"

"그~럼~! 엄마 등에 꼼짝 말고 앉아 있어야 한다!"

"알았어. 앉아 있는 거라면 자신 있어."

동그라미와 오빠 동그라미는 자동차 바퀴가 되어서 '데굴데굴 데구르르' 굴러가기 시작했어요.

"자~! 출발!"

"출발~!

넌 누구니?

문 빈

"으샤! 으샤! 에구구 힘들어 꼬르륵! 어~? 이게 무슨 소리지?"

꼬마 애벌레가 '꼬물꼬물' 풀밭을 지나서 '꼼지락꼼지락! 꼬물꼬물!' 걸음마 연습을 하고 있어요.

"영차! 영차! 영치기 영차! 먹이를 물고 영차! 영차!"

애벌레 옆으로 지나가던 개미친구들이 말을 걸어 왔어요.

"어? 넌 누구니?"

"안녕, 개미친구들! 나는 애벌레라고 해." 애벌레가 대답했어요.

"꼬르륵! 어~? 이게 무슨 소리지?"

"애벌레야! 너 배고픈가 보다!"

"맞아! 꼬르륵! 꼬르륵~!" 개미친구들이 말했어요.

"그래? 그러고 보니까 히이~ 배고프다."

"이거~ 이거는 사과거든? 조금만 먹어 봐. 아마 새~콤! 달콤! 맛있을 거야."

"고마워, 개미친구들아!"

애벌레는 개미친구들이 준 사과를 조금씩 베어 먹었어요. 정말 '새콤! 달콤!' '와삭와사삭!' 맛이 있었어요.

"와~ 배가 빵! 빵! 배부르다."

"그래~? 그럼 우린 바빠서 가봐야 하거든. 안녕~~."

"그래~ 안녕~ 개미친구들."

'영차! 영차!' 개미친구들은 먹이를 물고 '영차! 영차!' 지나갔어요.

애벌레는 다시 '꼼지락꼼지락! 꼬물꼬물!' 걸음마 연습을 했어요.

"에구구 다리 아프다. 좀 쉬었다 해야겠다."

애벌레는 걸음마 연습을 하다가 잠이 들었어요.

'영차! 영차! 영치기 영차!' 먹이를 물고 개미친구들이 또 애벌레 옆을 지나가고 있었어요. 그런데 '드르렁드르렁' 코고는 소리가 들렸어요.

"어~라? 이게 무슨 소리지?"

"그러게~ 누가 낮잠을 자고 있나 봐."

개미친구들은 코고는 소리가 들리는 곳으로 가 보았어요. 코를 골면서 자고 있는 것은 애벌레였어요.

"얘들아! 애벌레가 또 배가 고픈가 봐. 기운이 없어 잠든 것 같아."

"그러게 애벌레는 엄마도 없나 봐."

개미친구들은 애벌레를 깨웠어요. 그리고 노란 참외를 먹어 보라고 했어요.

"애벌레야~ 애벌레야! 이거 좀 먹어 봐!"

"와~ 노란색이다. 예쁘다."

"이건 참외라고 해. 무~지 무지! 달콤할 거야."

"고마워~. 아삭! 아삭! 정말 달콤하다."

"애벌레야 우리는 바빠서 가봐야 하거든?"

"너희들은 날마다 무지무지 바쁜가 보다."

"그~럼! 우리는 겨울 동안 먹을 양식을 준비해야 하거든! 안녕~."

애벌레는 또 혼자 남아서 '꼼지락꼼지락! 꼬물꼬물!' 나무 위로 올라가서 나뭇잎들 사이를 '오르락내리락!' 열심히 걸음마 연습을 했어요. 한참이 지나자 멀리서 개미친구들이 오는 모습이 보였어요. 애벌레는 개미친구들을 보려고 나무를 타고 '꼼지락꼼지락!

꼬물꼬물!' 내려왔어요.

"개미친구들아 안녕? 그건 또 뭐야?"

"어~ 이건 수박이야. 먹어 볼래?"

"고마워~. 와~ 맛있다. 너희들 또 바빠서 가려고 그러지?"

"히~ 그거 어떻게 알았어? 안녕 또 만나자."

"안녕~."

얼마나 지났을까요? 열심히 걸음마 연습을 하던 애벌레는 번데기가 되었어요. 개미친구들은 애벌레가 걱정이 되어 애벌레가 있는 곳으로 다시 왔어요. 하지만 애벌레는 보이지 않았어요.

"애벌레가 안 보인다."

"형아~ 엄마 찾아 갔나보다 그치!"

'꿈틀꿈틀' 번데기가 옆에서 '꿈틀꿈틀' 거리고 있었어요.

"에게게~ 이게 뭐야? 주글쭈글! 못생겼다."

개미친구들은 먹이를 찾아서 '영차! 영차! 영치기 영차!' 길을 떠났어요. 그리고 한 주 두 주 세 주가 지났어요. 애벌레는 번데기 옷을 벗고 예쁜 나비가 되었어요.

"형아~ 형아! 저기 좀 봐. 굉장히 예쁜 나비야!"

"개미친구들 안녕?"

"어~라? 넌 누구니?"

"나야! 나~ 애벌레."

"뭐라고~! 꼬물꼬물 그 애벌레라고?"

"그~래! 너희들 덕분에 맛있는 것 먹고 기운을 내어 나비가 되었어!"

애벌레는 정말 예쁜 날개옷을 입은 나비가 되었어요. 개미친구들과 나비는 단짝 친구들처럼 사이좋게 노래도 부르고 장난도 치면서 재미있게 놀았대요.

뽀옥! 꼬마기차

문 빈

'뽀오옥! 뽀옥!' 나는 나는 여섯 살이고요, 내 이름은 꼬마기차예요. 오늘부터 친구들을 찾아서 여행을 갈 거예요. 친구들도 함께 가요.

'뽀오옥! 뽀옥!'

꼬마기차가 신나게 언덕을 넘어서 '뽀오옥! 뽀옥!' '졸졸졸' 시냇물을 따라서 '뽀오옥! 뽀옥!' 강물을 지나서 산속으로 가고 있어요.

"여기가 어디지? 노란 개나리꽃, 분홍빛 진달래, 예쁜 꽃들이 많이 피어 있네. 뽀오옥! 뽀옥! 어? 그런데 넌 누구니? 참 귀엽게 생겼구나!"

"난 '깡충깡충' 산토끼야. 그런데 넌 누구니?"

"뽀오옥! 뽀옥! 난 꼬마기차야. 여행을 하는 중이야."

"그럼…. 나도 태워 줘라."

"그래? 그럼 내 등에 타!"

꼬마기차는 '깡충깡충' 산토끼를 태우고 '뽀오옥! 뽀옥!' 산길을 따라서 들판으로 갔어요. 들판에는 노란 참외와, 까만색 줄무늬 옷을 입고 둥글둥글 퉁! 퉁! 퉁! 맛있게 익어 가고 있는 수박이 있었어요.

"와~ 수박이다! 꼬마기차야, 정말 맛있겠다. 그치~?"

들판에는 밀짚모자를 쓰고 땀을 뻘뻘 흘리시며 수박이랑 참외가 '통! 통!' 하고 싱싱하게 잘 자라라고 풀을 뽑고 있는 농부아저씨도 계셨어요.

"뽀오옥! 뽀옥! 농부아저씨 안녕하세요~?"

"허! 허! 허! 그래~ 꼬마기차야 안녕~? 그런데 산토끼 태우고 어딜 가니?"

"세상 구경하러 여행을 하고 있어요."

"허! 허! 허! 그래~ 그럼 옛다! 여행을 하다가 목이 마르면 먹거라. 요 녀석들이 아주 통통하고 맛있게 잘 익었구나."

농부아저씨는 꼬마기차에게 노란 참외랑 수박을 선물로 주셨어요.

"우와~! 고맙습니다, 농부아저씨! 안녕히 계세요."

"그래~ 그래~ 건강하게 잘 다녀오거라."

꼬마기차는 '뽀오옥! 뽀옥!' 노래를 부르며 신나게 달렸어요.

이번에 도착한 곳은 어디일까요? 바로 허수아비아저씨가 두 팔을 벌리고 서 있는 곳이에요. 벼들은 누렇게 익어서 가을바람에 앞으로 뒤로 흔들거리며, 일어서서 손을 흔들며 춤을 추다가 다시 누워버리고 또다시 일어나서는 고개를 '까딱! 까딱!' 인사도 합니다. 그 옆에는 커다란 감나무에 '주렁주렁' 달린 감들이 빨갛게 익어가고요, '뾰족! 뾰족! 앗! 따가워!' 가시 옷을 입은 밤들이 나무 한가득 달려 있습니다. 주위의 나무들마다 '울긋불긋' 색동옷을 입은 듯 단풍이 들어 있어요. 노랗고 빨갛고 파란 잎들이 꼭 무지개를 이루고 있는 것 같아요.

"그런데 토끼야! 허수아비아저씨는 팔이 많이 아프겠다."

"정말, 하루 종일 서 있으니까 다리도 아플 거야."

"허수아비아저씨, 안녕하세요?"

"하! 하! 하! 귀여운 꼬마기차구나. 안녕? 그런데 수박이랑 참외를 싣고 산토끼랑 어딜 가니?"

"헤헤헤~ 여행 가요."

"그~래? 재미있고 신나겠구나. 나는 하루 종일 서 있어서 다리도 아프고 두 팔도 아픈데…."

"허수아비아저씨! 그럼 우리랑 함께 여행 가요!"

"하! 하! 하! 그래도 되겠니?"

"그럼~요. 어서 제 등에 타세요."

꼬마기차가 허수아비아저씨를 태우고 있는데 농부할아버지께서 빨간 감이랑 '토실토실' 알밤을 주셨어요.

"그래, 꼬마기차야~ 그동안 허수아비가 따가운 햇볕 아래서 참새들을 쫓느라 고생이 많았단다. 다리가 아파도 쉬지도 못하고 하루 종일 서 있었지. 이 감이랑 '토실토실' 알밤을 줄 테니 우리 허수아비와 함께 즐거운 여행을 다녀오렴."

꼬마기차는 '깡충깡충' 토끼랑, 농부아저씨께서 주신 참외랑 수박이랑, 할아버지께서 주신 빨간 감과 '토실토실' 알밤, 그리고 허수아비아저씨를 태우고 '뽀오옥! 뽀옥!' 다시 여행을 떠났어요.

바람이 시원하게 불어오는 논과 밭을 돌며 신나게 달렸어요. 배가 고프면 토실토실 알밤도 까먹고, 빨간 감도 베어 먹었어요. 허수아비아저씨는 피곤하셨는지 코를 골며 주무셨어요.

"드르렁~드르렁~! 으~ 추워라. 갑자기 찬바람이 부는걸!"

"꼬마기차야! 꼬마기차야! 바람이 차가워졌어!"

"그러게~? 여기는 어디지?"

"앗 차가워! 하얀 눈이 오네~!"

"와~ 꼬마기차야! 여긴 겨울나라인가 보다. 저기 좀 봐. 눈사람이 있어!"

"에에에엣취이~! 으~ 추워라."

"꼬마기차야! 허수아비아저씨 감기 걸렸나 봐."

"에~에에엣취이! 나는 따뜻한 계절에만 살기 때문에 그렇단다. 이렇게 추운 곳을 처음 와 보는걸."

"허수아비아저씨, 조금만 참으세요. 곧 따뜻한 봄나라로 갈게요."

꼬마기차는 허수아비아저씨를 안심시킨 뒤 길가에 서 있는 눈사람에게 물었어요.

"눈사람아~ 안녕? 나는 여행 중인 꼬마기차인데, 따뜻한 봄나라로 가는 길을 알려 주겠니?"

"그거야 간단하지! 왼쪽으로 두 바퀴 돌고, 오른쪽으로 한 바퀴 돌아서 쭈~우욱! 가면 봄나라가 널 기다리고 있을 거야."

"눈사람아~! 너도 우리와 같이 가지!"

"나도 가고 싶지만 나는 갈 수가 없단다."

"왜? 여행이 얼마나 재미있고 신나는 건데."

"나는 따뜻한 봄이 오면 녹아버리거든…."

"아~ 그렇구나. 그럼 겨울이 오면 그때 다시 만날 수 있는 거야?"

"그래~. 그럼 조심해서 잘 가고 다음에 만나. 안녕~!"

"눈사람 너도 안녕~!"

꼬마기차는 왼쪽으로 두 바퀴, 그리고 오른쪽으로 한 바퀴를 돌아 '뽀오옥! 뽀옥!' 더 빨리 힘차게 달리기 시작했어요. 꼬마기차가 다음으로 가는 곳은 어디일까요?

4. 과학동화

1) 과학동화의 의미

호기심 많은 요즘 아이들은 상상력 또한 뛰어나다. 무엇이든지 보면 궁금해하며 질문을 해댄다. "이건 뭐예요?" "이건 왜 이렇게 생겼어요?" "이건 왜 이렇게 되는 거예요?" 시대가 바뀌면서 질문 또한 다양해지고 있다. 눈으로 보고 듣고 사고하는 능력이 우수한 친구들도 많다.

과학동화는 우리생활 주변에서 일어나는 일상적인 이야기와 신체적인 변화, 동물과 식물, 자연의 생태 등 어렵게 생각하는 아이들의 궁금증과 호기심에 대해 재미있게 풀어서 이야기로 들려주는 동화이다. 과학동화는 자연과 사람의 융합적인 관계를 포괄적으로 다루고 있으며, 그러므로 교육적인 측면에서 볼 때 쉽고 유익한 학습내용이 될 것이다. 중요한 것은 교육기관이나 가정에서 아이들이 질문을 했을 때 그 질문에 귀를 잘 기울여야 한다는 점이다. 잘 모르는 부분이라고 질문에 성의 없이 답하거나 모른 척해서는 안 된다는 것이다. 어려운 질문을 할수록 더 관심을 가지고 주의 깊게 들어 주는 자세가 필요하다.

요즘은 방송 매체나 인터넷을 활용하면 얼마든지 아이와 같이 찾아볼 수 있다. 아이의 질문에 "모른다" 거나 "나중에 이야기하자" 거나 "지금은 바빠서" 라고 하지 말자. 아이들의 사소하고 작은 관심에도 성실하게 답해 주는 배려를 보이고, 아이들의 호기심이 쑥쑥 자랄 수 있도록 해주자. 아이들은 곧 우리의 장래이자 꿈과 희망이기 때문이다.

2) 동화 제시

동글동글 동그라미, 저게 뭐지?

문 빈

꽃들이 기지개를 켜고, 구름아저씨도 하품을 하는 따뜻한 봄이 왔어요.

오늘은 바깥놀이를 하는 시간이에요. 친구들은 유치원 앞마당 작은 연못에서 무언가를 발견하고 모두들 궁금해 했어요.

"어~라? 저게 뭐지?"

"꼭! 구슬 같다."

"야! 구슬은 무거운데, 풍선도 아니고 어떻게 물 위에 떠 있냐?"

"그럼 청포도인가 보다. 그치~!"

"야! 청포도는 나무에 대롱대롱 매달려 있는 거야."

"으응~? 그럼 저게 뭐지?"

친구들은 연못 위에 동글동글 동그라미가 뭉쳐서 떠 있는 것이 무척 신기하고 궁금했어요. 다음날 친구들은 다시 '우르르' 연못으로 모여들었어요.

"어? 움직인다."

"그러게. 운동을 하나 보다."

"아니야, 꿈틀꿈틀 숨을 쉬고 있는 거야."

"에휴~ 도대체 저게 뭘까?"

며칠이 지났을까요? 정말 신기한 일이 벌어졌어요. '동글동글' 동그라미 알들이 풍선 같은 껍질에서 깨어났어요. 모두들 신기해서 환호성을 질렀어요.

"와~ 신기하다. 얘들아~ 이리 와 봐! 아기 알들이 잠에서 깨어났어."

"우리 무엇이 되는지 관찰해 보자."

또 며칠이 지났어요. 아기 알들은 꼬리가 생겼어요. 그러더니 꼬리 옆에 물고기 같은 지느러미가 자라나기 시작했어요.

"우와~ 움직인다! 움직여. 물고기인가 봐."

"야! 저렇게 못생긴 물고기가 어디 있어?"

"꼬리로만 헤엄치는 물고기도 있다 뭐!"

"나는 꼬리로만 헤엄치는 물고기는 아직 못 본 거 같은데?"

친구들은 아기 알들이 하루하루 변해 가는 모습을 보고 무엇이 될까 점점 더 궁금해했어요. 다투기도 하면서 말이에요.

'오늘은 또 어떻게 자랐을까?'

'어떤 모습으로 변했을까?'

'내일은 또 어떻게 변할까?'

한 달 쯤이 지났을까요? 콩알만 하던 아기 알들은 점점 자라서 몸도 통통하게 커졌고, 꼬리도 짧아져 갔어요. 그러더니 뒷다리가 쑤우욱~! 앞다리가 쑤우욱! 나온 올챙이가 되었어요.

"히이야~! 꼼지락! 고물꼬물! 꼼지락! 올챙이였구나."

"그러니까 동글동글 동그라미 아기 알들이 올챙이가 되었네."

올챙이가 된 아기 알들은 이제 50일이 지나자 매끄러운 피부도 생겼어요. 볼록렌즈처럼 생긴 눈도 두 개가 생겼고요, 발에는 물갈퀴도 생겼어요.

그리고 또 며칠이 지났어요. 입을 풍선같이 부풀리면서 '개굴개굴' 노래도 불러요. 이제는 폴짝! 폴짝! 뛰뛰기도 잘해요. 아기 알들이 올챙이가 되고, 올챙이가 자라서 '폴짝!

폴짝!' 개구리가 되었어요.
"개굴개굴 개구리는 노래도 잘 부르네. 가수인가 봐."
"폴짝! 폴짝! 뜀뛰기 선수가 다 됐다, 다 됐어."

5. 놀이동화

1) 놀이동화의 교수 학습 방법

놀이동화는 영 · 유아에게 동화를 동요의 음률을 접목시킨 후 중간 중간에 요소요소마다 삽입하여 재미있고 쉽게 이해하도록 도와주는 역할을 한다. 물론 유형은 놀이 형식을 띠게 된다. 유아들의 신체 리듬을 최대한 살리면서 움직이는 동선의 폭이 매우 큰 것이 장점이며, 짧은 동화를 선택해야 한다. 이는 귀에 익은 동요의 리듬을 이용하여 반복적인 언어학습을 하기 때문이다. 외워야 하는 부담도 덜어 준다.

놀이동화의 교수 학습 진행은 다음과 같이 할 수 있다.

첫째, 동요를 함께 불러 본다.
둘째, 동요 속에서 반복적인 음률 후렴 부분을 여러 번 반복한다.
셋째, 동화의 문장을 동요의 음에 삽입한다.
넷째, 신체를 이용하여 몸동작을 크게 만든다.
다섯째, 공간을 확보한다.

이와 같은 방법으로 여러 번 반복한다. 유아들은 이처럼 놀이와 함께하는 교수 방법에 빠르게 적응을 하며, 무척 재미있어 한다. 이렇게 수업을 하다 보면 동화 내용이라든지 주인공의 매력에 빠져서 흉내를 자주 내며, 혼자서 이야기를 만들어내기도 한다. 그러다 보면 어휘력이 눈에 띄게 자라는 걸 볼 수 있다.

이제 막 한글을 알아 가는 유아에게는 글의 모양과 글의 생김새, 글의 표현과 글이 주는 느낌을 크게 써 보도록 유도한다. '삐뚤빼뚤' 글자 한 자 한 자를, 쓰는 게 아니라 거의 그림처럼 그리면서도 자기 자신이 쓴 글자에 대한 상당한 자부심을 느끼며 호기심을 갖게 해준다. 딱딱한 글쓰기보다는 자유롭게 움직이고 표현하면서 유아 스스로 흥미를 느껴서 쓰고 싶은 마음이 들도록 하는 것이다. 유아 글쓰기 지도에도 최상의 수업 방식이 될 것이다.

2) 동화 제시

놀이동화는 특별한 형식과 규칙을 거부한다. 단, 유아들이 가장 즐겨 부르는 동요를 선택하는 것은 중요하다.

나는 왕이다

문 빈

어~~흥! 나는~ 나는 동물의 왕이다!
어~~흥! 나는~ 나는 호랑이다!

나는~ 나는~? 힘도 세고요.
모두들 내 명령을 따르죠.

여~봐라~! 통닭이 먹고 싶구~나?
여~기여기~? 통닭~? 통닭~! 대~령이오~!
여~봐라~! 사과가 먹고 싶구~나?
여~기여기~? 새~콤! 달~콤! 사과~? 사과~! 대~령이오~!
여~봐라~! 목이 마르구나~?
여~기여기~? 시원한 물? 시원한 물? 대~령이오~!

깡충! 깡충! 토끼는 두 귀를 쫑긋~? 쫑긋~!
다람! 다람! 다람쥐~도? 사슴도~! 기린도~? 코끼리도~!

모두모두 무서워서 벌벌벌.
호랑이님은 무서워~~!

* 호랑이는 돌아가면서 하도록 한다.
* 아이들이 싫어하는 음식이나 많이 먹으면 안 되는 음식, 계절, 나무, 꽃, 식물, 동물 소재는 주위에서 찾는다.

6. 생활 속의 동화

1) 생활 속의 동화

생활 속의 동화는 우리 생활 주변에서 일어나는 일들을 소재로 하여 '나도 그랬는데' '우리 엄마도 그러시던데' 등 현재 하고 있거나 했거나 겪었던 일, 경험했던 일들을 바탕으로 유아들의 이해력과 사고력 증진을 목적으로 한다.

2) 동화 제시

생활 속의 동화는 필자가 신문에 연재했던 작품들이다.

칫! 다 거짓말쟁이야

문 빈

해님이 '방긋방긋' 인사를 하는 오후, 사랑이와 로아는 소꿉놀이를 하고 있었어요.
"있잖아~, 나는 엄마 배꼽에서 태어났다? 로아 너는~?"
"나는 있지~, 엄마가 꿈꾸다가 빨간 사과를 많이 먹었는데, 내가 태어났다고 했어."
"그러면~, 하늘에서 예쁜 사과를 로아 엄마한테 줬나 보다. 그래서 로아 네 얼굴이 동그렇게 생겼나 보다."

사랑이는 남자아이들이나 오빠는 어디서 태어나는지 궁금해졌어요.

"로아야! 있잖아, 우리 오빠는 어디서 태어났을까?"

"야아, 아기들은 다 엄마가 낳는 거야."

"그래? 그런데 우리 오빠는 쉬이~ 할 때 서서 하고, 엄마랑 우리들은 앉아서 쉬이~! 하잖아."

"그건 그러네."

"그러니까 아마~ 아빠가 낳았을지도 몰라."

"야아~! 그런 게 어딨어? 아기는 엄마들만 낳는 거래두우?"

로아는 엄마들만 아기를 낳는 거라고 하고, 사랑이는 남자는 남자가 낳는 거라고 생각을 하나 봐요. 그러다 다시 소꿉놀이를 했어요.

"빨리 빨리 밥 해야지? 우리 여보야 퇴근시간이야."

"사랑아! 오늘 반찬 뭐 할 거야?"

"응, 그거야 개구리 반찬이지."

"야! 어떻게 매일매일 개구리 반찬만 먹니? 다른 반찬도 먹어야지! 우리 아빠는 술 좋아하는데."

"술? 안 돼. 우리 여보야는 술 못 마셔. 그러니까 개구리 반찬만 있으면 돼."

사랑이네 아빠는 술을 안 드시나 봐요. 로아는 아빠가 술이 맛있다고 그러는 게 이상했어요. 그리고 술을 안 마시는 아빠를 둔 사랑이가 부럽기도 했어요.

"사랑이 너는 좋겠다. 니네 아빠는 술을 안 마셔서."

"아니야~! 우리 아빠가 그러는데 남자들은 술 마시는 거래. 응… 그러니까, 그래서 아빠들은 수염도 나고 그런 거야."

로아는 가만히 생각해 봤어요. 로아는 아빠가 수염이 있는 걸 본 적이 없었거든요.

"수염? 우리 아빠는 수염 그거 없는데?"

"아니야. 아빠들은 수염 있어. 로아 네가 몰라서 그래."

로아는 아빠가 수염이 없다고 하고, 사랑이는 아빠들은 다 수염이 있다고 하고, 결국 둘이 다투기 시작했어요. 그러다 로아가 토라져서 내일부터는 같이 놀지도 않고 소꿉놀이도 안 할 거라고 하면서 집으로 가버렸어요.

"우리 아빠는 수염 없대도!"

"아니야! 아빠들은 다~ 있어!"

"우리 아빠는 없다니까!"

"아니야! 있어."

"치이~! 나, 우리 집에 갈래."

"그래, 가라~! 삐질이."

"치! 낼부터 사랑이 너랑 안 놀아!"

"로아 너는 삐~질이야."

"사랑이 네가 바보야. 우리 아빠는 수염 없어. 치! 바보. 낼부터는 진짜진짜 사랑이 너랑 안 놀아."

"삐질이가 누구한테 바보래~? 로아 나쁘다. 바보, 삐질이~ 씨이익! 나도 소꿉놀이 안 할래! 바보, 삐질이~~!"

엄마는 사랑이가 소리를 지르면서 '씩씩' 거리는 모습을 보고 친구랑 다투면 안 된다고 타일렀어요. 그러자 사랑이는 아빠들은 다 수염이 있는데 로아 아빠는 수염이 없다고 한다고 말하면서 '엉엉' 울어 버렸어요. 그리고 사랑이는 엄마 배꼽에서 태어났는데 로아는 엄마가 사과 먹는 꿈을 꾸다가 태어났다고 했어요. 엄마는 아기가 어디로 나오는지, 로아 아빠는 수염이 왜 없는지에 대해 차근차근 설명해 주셨어요.

"사랑아~. 로아 아빠는 매일매일 면도를 하셔서 로아 눈에는 아빠가 수염이 없는 것처럼 보였을 거야."

"칫! 거짓말~~!"

"그리고 아기는 말이야, 엄마 배꼽에서 태어나는 게 아니란다. 엄마 몸 속에는 아기가 나오는 길이 있거든~? 그 길을 따라서 아기가 태어나는 거예요."

"칫! 거짓말."

사랑이는 엄마 말을 믿을 수가 없었어요. 엄마는 사랑이가 여섯 살 때 아기는 엄마 배꼽에서 태어났다고 이야기를 해 주셨거든요. 사랑이는 더 큰소리로 울어 버렸어요.

"아아아아앙~. 할머니는 다리 밑에서 내가 우니까 불쌍해서 데려왔다고 하고, 유치원 선생님은 엄마 지지 밑에서 태어난다고 하고, 어떤 친구들은 똥꼬에서 태어난다고 그러고…. 엄마도, 유치원 선생님도, 할머니도, 어른들은 다 거짓말쟁이야!"

제5부

인형 제작법

1. 장갑인형 제작법
2. 막대인형 제작법

1. 장갑인형 제작법

1) 꼬마도깨비

도깨비의 귀엽고 깜찍한 모습을 상상하면서 만들어 보자.

- 재료 : 목장갑, 털실, 부직포, 단추 2개
- 만들기 :

1. 장갑에 그려진 선대로 가위로 오린다(손목 부분의 고무줄을 뺀다).

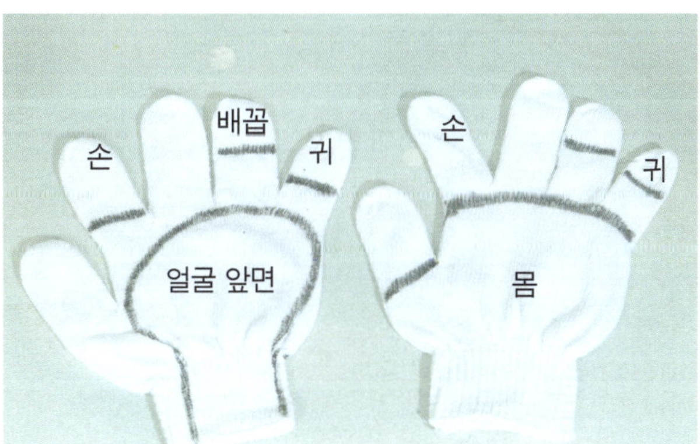

2. 귀 부분과 코 부분에 솜을 채운다.
3. 동그랗게 말아가서 배꼽 모양을 만든다.
4. 부직포를 말아서 검지손가락이 들어갈 정도의 여유를 두고 꿰맨다.

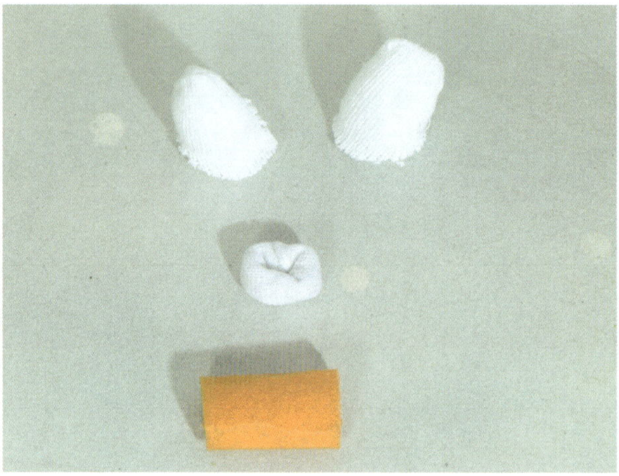

5. 얼굴 모양대로 솜을 채워서 마무리한다.
6. 털실로 머리를 원하는 모습으로 만든 후 본드를 이용해서 붙인다.
7. 바지는 개성대로 만든다.

8. 얼굴과 몸을 꿰매서 마무리한다.

2) 아기토끼

- 재료 : 목장갑 한 짝, 솜, 천, 보석단추, 분홍색 실
- 만들기 :

1. 그려진 선대로 오려 둔다.

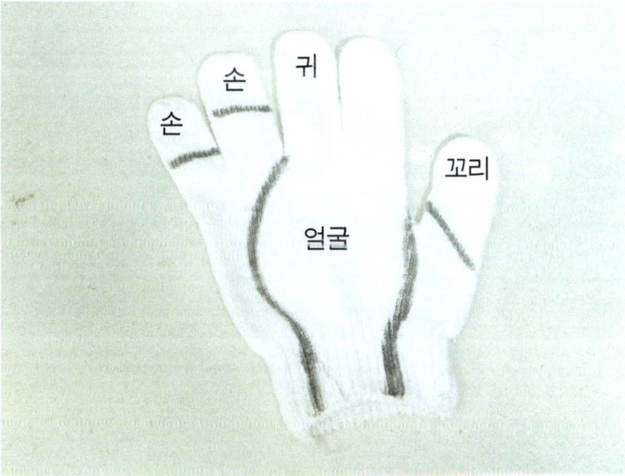

2. 얼굴 모양으로 바느질을 한다.
3. 두 귀부터 천천히 솜을 밀어넣는다.
4. 꼬리 부분에도 동그랗게 모양을 만들어 바느질하고, 솜을 넣어 모양을 만든다.

5. 양 볼에 볼터치를 해 준다.
6. 입술은 실을 이용하여 동그랗게 만들어 준다.
7. 목 부분은 손가락이 들어갈 정도로 말아서 얼굴 가운데 쪽으로 밀어넣고, 부직포와 얼굴 밑부분을 같이 꿰맨다.
8. 옷과 손을 만들고 마무리한다.

3) 아기늑대

늑대의 특징적인 입 부분과 꼬리부분의 모양을 머릿속에 그려가면서 모양을 만든다.

- 재료 : 목장갑, 보석단추 2개, 부직포(베이지색과 빨간색), 솜, 천
- 만들기:

1. 장갑 위에 그려진 선대로 오린다.

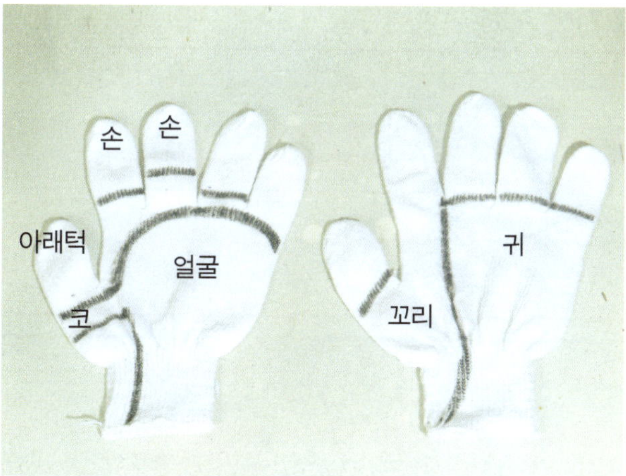

2. 전체적인 테두리를 꿰매고 솜을 넣을 부분만 조금 남긴다.
3. 솜을 넣어서 형태를 잡는다.
4. 얼굴과 꼬리에 솜을 넣고 마무리 바느질을 한다.
5. 목 부분은 손가락이 들어갈 정도의 여유를 두고 말아서 바느질 한다.
6. 귀는 부직포를 사이에 넣고 모양대로 마무리한다.

7. 원하는 색깔로 옷을 만든다.
8. 부직포로 이와 혀 모양을 만들어서 본드로 붙인다.

2. 막대인형 제작법

1) 얼굴 만들기

1. 머리 모양 크기로 스펀지를 자른다.

2. 얼굴 형태로 자른다.

3. 사각 모서리를 정리한다.

4. 캐릭터의 성격과 연령에 맞춰서 만든다.

5. 머리꼭지와 얼굴 턱을 구분해서 마무리한다.

6. 타월 천을 본드로 붙이고 바느질한다.

2) 손 만들기

1. 손 모양 크기로 스펀지를 자른다.

2. 손의 형태로 자른다.

3. 사각 모서리를 정리한다.

4. 벙어리장갑처럼 깎는다.

5. 팔과 다리도 인형의 키에 맞춰서 길이를 조정하여 매끄럽게 정리한다.

3) 발 만들기

1. 발 모양 크기로 스펀지를 사각으로 자른다.

2, 3. 선대로 오린다.

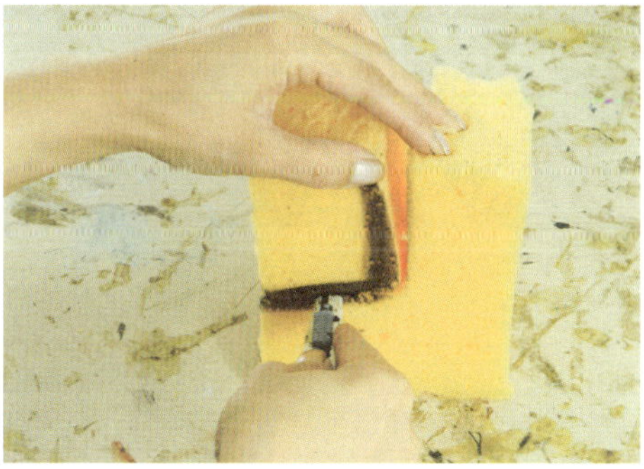

4. 발목 부분을 생각하면서 오린 부분을 떼어낸다.

5. 사각 모서리를 깎아 내고 발 모양대로 매끄럽게 마무리한다.

4) 몸 모양 만들기

1. 뒷부분에 칼집을 낸다.

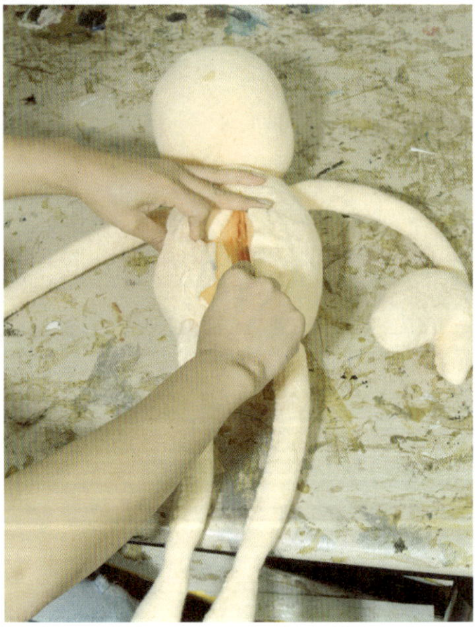

2. 막대나 봉을 목 부분까지 밀어넣고 바느질한다.

3. 그림처럼 얼굴과 팔, 다리를 만든다.

4. 머리는 털실로 잘라서 붙이고, 옷을 만들어 입힌다.

제6부
공연용 장르별 (극)대본 모음

1. 창작동화와 창작극
2. 전래동화 대본
3. 명작동화 대본
4. 이솝우화 대본
5. 과학동화 대본
6. 환경동화 대본
7. 생활 속의 동화 대본

1. 창작동화와 창작극

1) 창작동화

※ 이 작품은 비오는 날 재래식 시장에 갔다가 비닐 옷을 입고 시장 한쪽 모퉁이에서 바구니에 채소를 담아 놓고 파는 할머니를 보고 쓴 작품이다. 나는 이 작품을 볼 때마다 가슴이 뭉클해진다.

햇살바구니

문 빈

"누나! 나 이제 안 심심하다?"
"왜~에?"
"멋진 친구가 생겼거든!"
"알았어."
"누나, 내 친구가 누구인지 안 궁금해? 새로 사귄 친구가 누구인지 알고 싶지 않아?"
"알고 있어!"
"치이!"

한울이는 몇 달 전에 명예퇴직하신 아버지와 시장 모퉁이에서 야채를 파시는 할머니, 그리고 동생 힘찬이와 함께 살고 있어요. 일 년 전에 엄청난 병원비만 빚으로 남기고 돌아올 수 없는 곳으로 가 버리신 어머니를 그리워하면서 하루하루 편지를 쓴대요. 눈부신 햇살이 가장 많이 비추이는 곳에 바구니를 하나 걸어 놓고, 하늘에 계신 어머니가 매일매일 볼 수 있도록 편지를 써서 바구니 속에 넣는답니다. 한울이는 이름처럼 한없이 곱고 마음씨 착한 6학년 친구예요.

"누나! 우리 할머니한테 가서 붕어빵 사 달래자 응~?"
"알았어, 알았으니까 너 먼저 집에 가 있어."
"싫어. 난 지금 배도 고프고 붕어빵도 먹고 싶단 말이야."
"집에 아버지 혼자 계시잖아."

"아! 맞다. 그럼 누나 빨리 와야 돼. 붕어빵 사 오는 것 잊지 마. 알았지?"

근사한 친구가 생겨서 집에 가도 심심하지 않다는 힘찬이는 집을 향해 뛰어갔어요. 한울이는 여기 저기 일자리를 구하시느라 하루 종일 거리를 방황하셨을 아버지를 생각하니 가슴이 아팠어요. 어머니가 병석에 누워 계실 때도 아버지는 늘 희망적인 이야기만 하셨어요. "하얀 목련이 피는 사월이 오면 엄마가 활짝 웃으며 자리를 털고 일어날 거야! 그때 우리 식구 모두 놀이공원으로 봄나들이 가자. 놀이기구도 타고, 힘찬이가 좋아하는 아이스크림이랑 솜사탕도 사먹고…."

그런데 어느 날부터인가 아버지는 밤마다 소주병을 비우셨고, 웃음도 잃으셨어요. 아버지 생각을 하니 한울이는 갑자기 힘이 빠지고 어깨가 축 늘어졌어요. 터덜터덜 시장 입구에 다다랐을 때였어요. 여느 때보다 시장 안이 시끄러웠어요. 노점상을 단속하시는 아저씨들이 나온 모양이에요.

"거기 붕어빵 아저씨! 빨리빨리 리어카를 옮겨 주세요. 호떡 파는 아주머니! 아주머니도 어서어서 비켜 주세요! 구석에 앉아 계신 할머니도 야채 바구니들 치우세요! 사람이 다니는 길까지 막아 버리면 어떡합니까?"

"아이쿠, 미안합니다!"

"미안하다고 말만 하지 마시고 어서어서 정리하세요!"

단속반 아저씨들한테 쩔쩔매는 할머니를 숨어서 지켜보던 한울이는 당장이라도 '할머니' 하면서 뛰어가고 싶었지만 참았어요. 왜냐고요? 펑펑 울어 버릴 것 같았기 때문이에요. 단속반 아저씨들이 지나가고 한바탕 소란스럽던 시장 안이 조용해지자 자리를 비웠던 붕어빵 아저씨도, 호떡 파는 아주머니도, 할머니도 다시 제자리로 짐들을 옮겨다놓았어요. 그런데 큰일 났어요. 단속반 아저씨들이 다시 나타난 거예요. 붕어빵 아저씨도, 호떡 아주머니도 부랴부랴 다시 손수레를 끌고 어디론가 사라지기 시작했어요.

"할머니! 할머니도 어서어서 챙기세요. 안 그러면 이 그릇들을 압수 당한다구요!"

"아유~ 알았어요."

구부정하게 휘어진 허리를 다시 펴던 할머니는 서두르시다 그만 미끄러지고 말았어요.

"할머니! 할머니 괜찮으세요?"

한울이는 할머니에게 뛰어갔어요.

"안 되겠어요. 구급차! 구급차를 불러 주세요. 빨리, 빨리요! 우리 할머니, 우리 할머니가 다치셨어요. 아저씨, 아저씨들 미워! 미워요! 밉다고요!"

그날 이후 할머니는 자리에 몸져누우셨어요.

"어머님, 죄송합니다. 이 못난 자식 때문에 고생만 하시고…."

"아니다. 어멈이 먼저 세상을 떠나고 직장마저 잃었으니 네 속이 오죽 탔겠냐."

"어머님, 이제 아무 걱정하지 마세요. 제가 붕어빵 장사를 시작하려고 준비해 두었습니다."

"야~호! 아빠, 붕어빵? 우와 이제 붕어빵 실컷 먹을 수 있겠다!"

오늘도 한울이는 햇살바구니에 넣을 편지를 씁니다.

'엄마, 봄이 왔어요. 엄마가 계신 그곳에도 목련이 활짝 피었겠죠? 올해도 따로따로 봄을 맞이하네요. 아버지께서 일을 시작하셨어요. 저도 이제 중학생이 되었고요. 엄마! 이제 아프지 않죠? 한울이 공부 열심히 할게요. 힘찬이도 잘 보살피고, 할머니 병 수발도 잘 할게요. 아무 걱정하지 마세요. 엄마 사랑해요….'

2) 창작극 대본

대롱이는 못 말려

각본 · 연출/ 문 빈

- **등장인물 :** 할머니, 할아버지, 엄마, 아빠, 대롱이, 사랑이, 강아지, 귀뚜

1장

무대/ 조명in/ 음악/ 조명 밝기 조정/ 오전 10시~오후 1시 사이

엄마 등장하여 빨래를 넌다./ 새소리, 나비 날아다닌다./ 주위를 살피면서 꽃밭에 물을 주고 나무를 쳐다보고는 하늘 한 번 올려다본다./ 할아버지 등장한다.

할아버지 : (헛기침)

엄마 : 아버님~, 어디 외출하시려고요?

할아버지 : (헛기침) 그래… 내 잠깐 다녀오마.

엄마 : 예~ 아버님, 조심해서 다녀오세요.

할아버지 : 그래~ 그래! 문단속 잘 하거라. (할아버지 퇴장)

할머니 : (무대 안에서) 얘~ 어멈아! 아이구, 어멈아 뭐하는 게냐?

엄마 : 예~ 어머님~! (엄마 퇴장)

음악/ 벌레들 등장, 나무 위로 올라간다. 나비 춤춘다.
강아지 등장하면서 벌레 한 번 쳐다보고, 나비 따라다닌다. 이때 강아지 대문 쪽으로 뛰어간다. 대롱이 등장한다.

대롱 : 엄마, 엄마 아~! 대롱이가 왔어! 할머니, 할아버지 대롱이가 왔어!

할머니 : 아이구~! 이 녀석아 할미 귀청 떨어지겠어요.

대롱 : 할머니! 대롱이 유치원 갔다 왔어.

할머니 : 에~잉! '갔다 왔어' 가 아니라 '다녀왔습니다' 해야지.

대롱 : 치! 알았다 뭐! 다녀왔다 뭐.

엄마 : (무대 안에서) 대롱이 왔니~?

대롱 : 응! 갔다 왔어. 아니다, 다녀왔어.

할머니 : 어이쿠! 이~이! 일이 큰일이야, 큰일.

대롱 : 큰일? 그럼 할머니 작은 일도 있겠네~?

엄마 등장한다.

엄마 : 어머님 죄송합니다.

대롱 : 엄마! 할머니한테 뭐 잘못한 일 있어?

할머니 : (대롱 쳐다보며) 이이~잉, 큰일이야 큰일. (할머니 퇴장한다.)

대롱 : 할머니는 내가 무슨 말만 하면 큰일이래.

엄마 : (대롱에게 꿀밤을 주면서) 인석아! 넌 왜 그러니?

대롱 : 엄마~! 대롱이는 이제 꿀밤 안 먹어, 아프단 말이야.

엄마 : 엄마도 꿀밤 주기 싫어.

대롱 : 맨날 맨날 통! 통! 통!

엄마 : 그거야 수박이 잘 익었나, 안 익었나 확인해 보는 거지.

대롱 : 엄마는 내가 무슨 수박이야 통! 통! 통! 하게.

엄마 : 가방 안 무거워?

대롱 : 무거워.

엄마 : 어서 들어가자. 점심 먹어야지.

대롱 : 그러고 보니까 꼬르륵! 꼬르륵! 배고프네.

엄마 대롱 퇴장. 벨소리 울린다. 할아버지 밖에서 집으로 들어오고, 할머니 대문 앞으로 나간다.

할머니 : 어디 갔다 오슈~우?

할아버지 : 왜! 내가 없으니까 심심했수?

할머니 : 어이구 심심한 게 다 뭐예요.

할아버지 : 왜 무슨 일 있었어요?

할머니 : 아~! 대롱이 말이에요.

할아버지 : 왜 그녀석이 또 말썽 피웠소?

할머니 : 아니~ 그게 아니고요. 이~이, 자꾸 반말을 하니 큰일이지 뭐예요.

할아버지 : 허! 허! 그것 참! 큰일이구려.

할머니 : 뭐~ 좋은 방법이 없을까요?

할아버지 : 허~참! 낭팰세. 한번 생각해 봅시다.

할머니, 할아버지 걱정하면서 퇴장한다.

2장

음악/ 벌레 등장한다. 강아지 따라다니면서 꼬리 흔든다. 대롱이 등장.

대롱 : 아~ 배부르다. 뽀꾸야! 이리 와 봐. 야아~! 나와 보라니까? 치! 나랑 놀기 싫으면 관둬라. 나두 너랑 안 놀아. (벤치에 앉는다.) 심심하네. (벌레 지나간다.) 어? 장구벌레다! (벌레 따라가다가 툭 친다. 다시 벌레 따라가다가 돌돌 말아서 주머니에 넣는다.) 어? 어~ 또르르 공이 되어 버렸네. 주머니에 넣고 다녀야지.

음악/ 사랑이 등장.

사랑 : 대롱아~ 대롱~대롱~대롱아! 나랑 놀자.
대롱 : 어? 사랑이 왔어?
사랑 : 뭐하고 있었어?
대롱 : 나? 나 아무것도 안 했어.
사랑 : 대롱아.
대롱 : 왜?
사랑 : 우리 소꿉놀이 하자.
대롱 : 맨날 맨날 소꿉놀이만 하재.
사랑 : 그럼… 뭐 하고 싶은데?
대롱 : 응… 그러니깐 자치기 하자.
사랑 : 자치기?
대롱 : 그래 자치기.
사랑 : 나는… 나는 그만 거 못 하는데….
대롱 : 내가 가르쳐 줄게.
사랑 : 정말?
대롱 : 그래, 잠깐만 기다려 내가 준비해 올게.
사랑 : 알았어. 기다릴게.

음악/ 사랑이 강아지한테 간다.

3장

음악/ 대롱 등장.

대롱 : 사랑아, 이리 와 봐.

사랑 : 알았어. 어떻게 하는 건데?

대롱 : 자~ 잘 봐! 이렇게 해가지고 탁! 치는 거야.

사랑 : 응… 그렇구나. 재밌겠다.

대롱 : 자~ 잘 봐. (대롱이 힘껏 친 자에 강아지 맞는다./ 강아지 울음소리) 에이~! 이게 왜 저리 갔지?

사랑 : 대롱아 아무래도 안 되겠어.

대롱 : 아니야, 처음엔 다 그러는 거야. 다시 한 번 해 볼게. (탁! 친다./ 장독대 깨지는 소리/ 대롱 장독대 쪽으로 뛰어간다.) 어? 장독이 깨졌다!

사랑 : 대롱아 그만 해. 큰일 나겠어.

대롱 : 큰일? 큰일은 우리 할머니가 하는 얘긴데.

사랑 : 아휴~ 대롱아 자치기 그만 하고 다른 거 하자.

대롱 : 실수는 누구나 하는 거야. 처음엔 못해도 자꾸자꾸 연습하면 다~~! 잘할 수 있어.

사랑 : 그래도 그만 하자.

대롱 : 잘할 수 있다니까. 자~! 다시 한다. 잘 봐. (탁! 친다. 유리창 깨지는 소리) 어~~라? 유리창이 깨졌다. 사랑아, 나 힘 세지?

사랑 : (울면서) 대롱아~ 나, 무서워. 집에 갈래.

대롱 : 무섭기는 뭐가 무섭다고 그래?

사랑 : 봐라? 장독대 깨졌지? 유리창 깨졌지? 강아지도 맞았잖아.

대롱 : 그러면 사랑아.

사랑 : 응? 왜?

대롱 : 한 번만 딱! 한 번만 더 해 볼게.

사랑 : 정말이지~? 딱! 한 번만 하는 거다?

대롱 : 알았어. (탁 친다. 할아버지 고함소리 들린다.)

할아버지 : (무대 안) 누~ 누구냐! 아니 인석들이!

사랑 : 어… 어? 큰일이다!

대롱 : 사랑아! 도망가자!

사랑 : 어쩌려고 그래?

대롱 : 도망가자니까! (대롱, 사랑 나무 뒤에 숨는다.)

사랑 : 대롱아 나 갈래.

대롱 : 그래 가라 가!

음악/ 사랑 퇴장/ 할아버지 이마에 혹 달고 등장/ 할머니도 따라온다.

할아버지 : 아니~! 아니 누구야? 어떤 녀석인지 썩~! 나오지 못할까! 아이고 머리야~!

할머니 : 아~니! 점심 맛나게 드시고 낮잠 주무시더니 갑자기 왜 소리는 지르고 그래요? 아~~니! 이마에 웬 혹이에요?

할아버지 : 아~니, 어떤 녀석이 유리창을 깨고 도망갔지 뭐야.

할머니 : 어머나, 영감! 장독대도 깨졌어요.

할아버지 : 어떤 녀석이야. 썩 나오지 못할까!

할머니 : 겁이 나서 도망갔을 거예요.

할아버지 : 잡히기만 해 봐라. 엉덩이를 푸른 별로 만들어 줄 테니까.

할머니 : 어여 들어가세요. 약 발라야겠어요.

할아버지 : (헛기침) 잡히기만 해 봐라.

4장

음악/ 대롱이 나무 뒤에 숨었다가 나온다. 쥐들도 따라 등장. 대롱 주위 맴돈다.

대롱 : 찍찍아. 나, 어떡하지? 큰일 났어. 나 오늘 자치기 하다가 장독대도 깨고 유리창도 깼어. (쥐들 대롱이 무릎 위로 머리 위로 오르락내리락 한다.) 야아~ 간지러워 그만 해!

할아버지 : (무대 안) 아~ 밖에 누가 왔어요?

대롱 : 야아! 빨리 도망가. 할아버지한테 들키면 큰일 나! 큰일.

(찍찍이 도망가고 대롱이 나무 뒤에 숨으려 하자 할아버지 등장.)

할아버지 : 대롱아 너 거기서 뭐 하누?

대롱 : 아~ 아…니…구… (할아버지 쳐다보고 웃는다) 으~하하하하하! 할아버지 이마에 뽕! 났네?

할아버지 : 아, 글쎄 어떤 녀석이 유리창을 깨고, 장독대도 깨고 도망갔지 뭐냐!

대롱 : 할아버지… 그러면… 그러면 나쁜 사람이야?

할아버지 : 그럼 나쁘고말고.

대롱 : 큰일이다. 어떡하지?

할아버지 : 대롱이 니 뭐라고 했니?

대롱 : 아, 아무 말도 안했어.

할아버지 : 고~얀! 녀석 같으니라고.

대롱 : 할아버지 내가 안 그랬어. 대롱이는 안 그랬단 말이야. 그게 그러니까 그냥 자치기 하다가 그게 그냥 날아갔어. 난 안 그러려고 했는데… 자꾸만 자꾸만 날아가 버렸어.

할아버지 : 욘석아! 그렇다고 도망을 가? 요녀석 이리와 봐. 오늘 혼 좀 나야겠어!

대롱 : 할아버지~, 할아버지! 다시는~ 다시는 안 그럴게. 한 번만 봐줘라. 잉~~!

할아버지 : 뚝!

대롱 : 뚜~우욱! 할아버지 이이이이잉~.

할아버지 : 뚝!

대롱 : 뚜우우우~욱! 잘못했다. 앙~~ 한 번만 용서해 줘라.

할아버지 : 허! 허~ 참~~!

대롱 : 할아버지 대롱이가 피카츄 노래 가르쳐 줄게.

할아버지 : 뭐? 피기 난디구?

대롱 : 그게 아니고 피카츄!

할아버지 : 뭐? 삐까쮸우?

대롱 : 아니고~ 피!

할아버지 : 삐~!

대롱 : 카!

할아버지 : 꺄아!

대롱 : 츄!

할아버지 : 쮸우우!

대롱 : 할아버지 삐까쮸가 아니구 피카츄!

할아버지 : 아이구 그래그래. 삐까쭈우~.

대롱 : 에구궁… 할아버지 나 따라해 봐?

할아버지 : 알았다, 알았어. 어여 해 봐!

대롱 : 피카츄, 라이츄, 파이리, 꼬부기, 버터플, 야도란, 피존투, 또가스….

할아버지 : 뭐? 돈까스에 버터를 발라서 파리가 꼬부라졌어?

대롱 : 아니, 그게 아니고….

할아버지 : 도무지 무슨 말인지 원. 그것도 노래냐?

대롱 : 그럼~ 내가 처음부터 해 볼 테니까 잘 들어 봐.

음악/ 대롱이 피카츄 노래를 한다.

할아버지 : 대롱아, 이 할애비는 못 하겠어. 노래가 너무 어려워.

대롱 : 그러면 할아버지가 노래 해 봐. 내가 따라할게.

할아버지 : 그래? 그러면… 신고산이 우르르르 화물차 떠나는 소리에….

대롱 : 으응? 할아버지, 산이 우르르르 무너졌는데 화물차가 갈 수 있어?

할아버지 : 그… 글쎄다….

엄마 : (무대 안) 아버님, 저녁 진지 드세요~!

대롱 : 알았어, 엄마.

할아버지 : 에이잉~! 큰일이야 큰일.

5장

음악/ 조명 밝기 조정/ 오전

엄마 : (무대 안) 대롱아, 유치원 늦겠어. 빨리빨리 해.

대롱 : 할머니, 할아버지, 유치원 갔다? 아니다. 다녀올게.

대롱이 유치원 가고, 할머니, 할아버지 등장.

할아버지 : 이런 쯧쯧쯧.

할머니 : 영감! 뭐 좋은 생각 없어요? 그 뭣이냐 굿~ 아이디어.

할아버지 : 뭐? 굿을 하다고?

할머니 : 그게요, 굿~ 아이디어 좋은 생각 말이에요.

할아버지 : 아~ 굿! 아이디어. (할머니, 할아버지 속닥속닥)

음악/ 벨소리/ 대롱 등장.

대롱 : 할머니, 할아버지, 엄마~! 대롱이가 유치원 다녀왔다~!

할아버지 등장.

할아버지 : 스흠 유치원 다녀왔습니까?

대롱 : 으응? 할아버지 왜 그래?

할아버지 : 배고프시죠. 어서 들어가서 점심 드셔야죠.

대롱 : 할아버지 나야 나! 대롱이.

할아버지 : 어서 들어가세요.

대롱 : 우하하하하 재미있나. 할아버지가 나한테 '점심 드세요, 들어가세요.' 그러네?

할머니 등장.

할머니 : 아이쿠! 대롱이 오셨어요? 가방이 무겁지요? 제가 들어 드릴게요.
대롱 : 으응? 할머니 왜 그래? 나야 나! 대롱이.
할머니 : 공부하느라고 힘드셨을 텐데 어여 들어가세요.
대롱 : 이상하다….

대롱이 할머니 따라 퇴장.

6장

음악과 함께 대롱 등장.

대롱 : 배가 빵! 빵! 배부르니까 졸린다. 아함~. (쥐들 등장. 대롱이 벤치에 앉아 있다.) 어? 찍찍아! 배고파? 근데 찍찍아, 우리 할머니랑 할아버지가 이상해. 나한테 자꾸만 요~? 요~? 그런다. 왜 그러지?

음악/ 엄마 등장하다가 쥐 보고 놀란다.

엄마 : 쥐! 쥐! 쥐! 쥐 좀 봐. 대롱아 너 뭐 하세요? 쥐약을 놓아야겠다.
대롱 : 엄마~! 찍찍이는 내 친구란 말이야.
엄마 : 뭐? 뭐라고? 쥐가 친구라고요?
대롱 : 그~래! 대롱이 친구.
엄마 : 내가 못살아 정말. 네 친구는 사랑이도 있고 강아지도 있잖아요.
대롱 : 엄마는 몰라도 한~참 몰라.
엄마 : 엄마가 뭘 모른다고 그러세요?
대롱 : 찍찍이가 얼~~마나 착하다구.
엄마 : 안 되겠어. 쥐덫을 놓아야겠어. 대롱아? 쥐하고는 친구하면 안 되는 거예요. (엄마 퇴장)

대롱 : 으응? 엄마도 ~요 ~요? 하네?

대롱이 생각에 잠긴다. 아빠 등장.

아빠 : 대문이 안 잠겼네. 아이구! 우리 아들 대롱이시네요?

대롱 : 으응? 아빠도 ~요 ~요! 하네?

아빠 : 우리 아들 무슨 걱정 있으세요?

대롱 : 앙~~ 아빠! 할머니도 ~요? 할아버지도 ~요? 엄마도 ~요? 아빠도 ~요….

아빠 : 왜 그러세요? 말씀하세요.

대롱 : 으~아아아아앙~~~ 아빠! 잘못했어요.

아빠 : 뭘 잘못했는데요?

대롱 : 아빠~! 반말, 반말하는 거 그거요.

아빠 : 반말? 그게 어때서요?

대롱 : 대롱이 이제 앞으로는 반말 안 할게요.

아빠 : 정말이십니까?

대롱 : 아빠! 반말 안 할 거예요.

아빠 : 정말이지~?

대롱 : 네~ 정말이에요.

아빠 : 아버님, 어머님 저 왔습니다.

음악/ 식구들 모두 등장.

할머니 : 아범 왔어요?

아빠 : 예, 어머님. 그런데 대롱이가 이제는 반말 안 한다고 그러네요.

할머니 : 그래~ 그게 정말이세요?

대롱 : 할머니~ 대롱이는 약속 지킬 거예요.

할아버지 : 허! 허! 대롱아 정말이시죠?

대롱 : 할아버지~! 정말이에요.

엄마 : 대롱이 약속 지키는 거지~?

대롱 : 그~~럼요! 두고 보세요. 대롱이는 절~~~대로 거짓말 안 해요. 약속 꼭! 지킬 거예요. 대롱이 한 번만 믿어 주세요.

음악/ 조명out

2. 전래동화 대본

토끼전

우일문/작/한샘닷컴
각색/연출/문 빈

- **등장인물** : 용왕, 잉어, 의원1, 2, 3, 문어, 자라, 토끼, 독수리, 물고기들, 흰동가리, 새들, 나비, 다람쥐, 노루, 사슴, 너구리

1장

무대/음악/조명in/조명 밝기 조정/ 물고기들 떼 지어 몰려다닌다.

조명 서서히 밝아지면서 무대 한쪽에 용왕 누워 있다. 신하 잉어가 걱정스러운 듯 용왕의 곁에서 서 있다 앉았다 하며 안절부절못한다.

용왕 : (기침하면서 무대 쪽으로 얼굴 돌린다) 에헴~! 아니~! 세상에 이런 일이 있나…. 음… 아무리 좋은 약을 먹어도 낫지도 않고 (기침하면서) 장차 이 나라의 일이 걱정이구나. 내가 빨리 일어나야 하는데, 이~이 일을 어찌 할꼬~! 얼마 안 있으면 모든 물고기들이 함께 모여서 잔치도 해야 하는데… 먼~ 곳에 있는 물고기들도 그날을 손꼽아 기다릴 텐데… (크고 길게 기침한다) 도대체 기운이 없어서 일어날 수가 없으니… 아이고! 허리, 팔, 다리, 삭신이야~!(기침한다.)

물고기들 : (용왕이 기침 할 때마다 깜짝 놀라서 흩어졌다 모이기를 반복한다.)

잉어 : (안절부절못하며 왔다 갔다 하면서) 저… 용왕님!

용왕 : 오~ 그래~! 그래! 나의 충성스런 잉어 신하여 말하여 보거라.

잉어 : 저… 바다 위 인간 세상에 용한 의원 세 사람이 있다고 바람이 귀뜸을 해 주던데 그 의원들을 한번 부르심이 어떠하실는지요?

물고기들 : 어떠하실는지요~?

용왕 : 그~래?

잉어 : 예! 용왕님. 무슨 병이든지 다~ 치료할 수 있다고 하옵니다.

용왕 : 허! 허! 그래~? 그렇게 용하단 말이지?

잉어 : 예~! 용왕님!

용왕 : 음… 그래~? 그러면 그 의원들을 한번 모셔오너라.

잉어 : 예! 용왕님! 분부대로 거행하겠사옵니다!

물고기들 : 분부대로 거행하겠사옵니다!

조명out/ 잉어 퇴장/ 조명in/ 의원 세 사람과 잉어 등장.

물고기들 : (의원들 주위 맴돌며 신기하게 쳐다본다.)

잉어 : 용왕님! 인간 세상에서 사는 용한 의원 세 사람을 모셔왔나이다!

용왕 : (기침 길게 하면서 돌아눕는다) 어서들 오시오~! 여기까지 오시느라 고생 많았소.

의원1, 2, 3 : 용왕님을 가까이서 뵙게 되어 영광이옵니다.

용왕 : 아이고 허리, 팔, 다리, 삭신이야! 내… 내가 말이오! 아주 몹쓸 병에 걸렸나 보오! 아무리 좋은 약을 먹어도 영~ 낫지를 않소. 그대들이 내 병을 고칠 수 있겠소~? (기침 길게 한다.)

의원 : 최선을 다하겠습니다! 먼저 진맥을 해 보겠습니다. (용왕의 손을 잡고 맥을 짚는다. 잠시 후 심각한 얼굴로 고개를 흔든다.)

물고기들 : (똑같은 방향으로 고개를 흔들다가 동시에 고개 떨군다.)

잉어 : 왜 그러시는지…?

물고기들 : 왜 그러시는지…?

용왕 : 어떠하오? 내 병을 고칠 수 있겠소?

물고기들 : (눈이 동그래진다 모두들 동작을 멈춘다.)

의원1 : 송구하오나… 저는….

용왕 : 어서 말을 해 보시오.

의원1 : …….

용왕 : 그러면 그렇지! 쉽게 나을 병이 아니지….

물고기들 : (모두들 힘이 빠져서 주저앉는다.)

잉어 : (의원2를 가리키며) 이보시오, 어서 진찰을 해보시오.

물고기들 몰려다니면서 걱정한다.

의원2 : 그럼… 제가 한번… (용왕 가까이 가서 얼굴을 유심히 살핀다.) 송구하오나 저도….

용왕 : 그대도 내 병을 고칠 수 없단 말이오~?

의원2 : 송구하옵니다.

물고기들 의원2 옆으로 갔다가 다시 흩어진다.

잉어 : 이보시오! (의원3의 손을 끌어당기면서) 어서! 어서! 진찰을 해 보시오.

물고기들 : 어서! 어서! 진찰을 해 보시오~!

의원3은 용왕 곁으로 가서 손 한 번, 다리 한 번, 손가락으로 한 번씩 꾹! 찔러 보고 춤추듯이 장단을 맞춰 고개와 팔을 흔든다. 이 행동을 물고기들 모두 똑같이 따라 한다. 의원3 잽싸게 의원1, 2 곁으로 간다. 물고기들도 따라 움직인다.

용왕 : 이보시오~! 어떻소? 내 병이 나을 수 있겠소~?

의원3 : 송구하옵니다만… 저….

잉어 : 어서 말을 해 보시오.

물고기들 : (우르르 의원3 곁으로 가서) 어서 말을 해 보시오~?

의원3 : 저… 제 의술로는… 힘들겠습니다.

물고기들 : 어쩌지? 이 일을 어쩌지? 용왕님의 병을 못 고친대! (물고기들 훌쩍거리기 시작하다가 큰소리로 울어 버린다.)

용왕 : (큰 기침한다.)

물고기들 : (놀라서 한쪽 기둥으로 숨는다.)

잉어 : 이보시오, 의원들~. 이러시면 아니 되오. 다시 한 번 생각들을 해 보시오~. 바람이 전해 주기를 그대들이 세상에서 제~일 용한 의원이라고 들었소. 어찌 방법이 없겠소?

물고기들 : (무리지어 뛰어나오면서) 어찌 방법이 없겠소~?

용왕 : 그대들은 세상에서 제일 용하다 들었소. 약이라도 좀 지어 주면 아니 되겠소? 내~ 열심히 먹어 보리이다.

잉어 : 여보시오~ 약이라도 좀 지어 주시오.

물고기들 : 약이라도 지어 주시오.

의원1 : 그럼… 잠시만 저희들의 소견들을 모아 보겠사옵니다.

물고기들 의원들을 에워싼다.

용왕 : (돌아누우면서) 이거 정말 큰일이로다~!

의원1 : 어찌하면 좋겠나?

의원2 : 아무래도 그 길밖에 없을 것 같네 그려.

의원3 : 자네 생각도?

의원1 : 방도가 없진 않나.

의원2 : 그… 그렇긴 하지만….

의원3 : 그리 하는 수밖에….

의원1 : (용왕 쪽으로 다가서며) 저….

용왕 : (돌아누우며) 그래~! 어서 말을 해 보시오.

의원2 : 그게….

용왕 : 허! 허! 무슨 말이라도 해 보시오.

의원3 : 아무래도….

물고기들 : 아무래도?

잉어 : 용왕님의 병만 나을 수 있다면 뭐든지 시키는 대로 다 하리다.

물고기들 : 시키는 대로 뭐든지 다~!

용왕 : (기침 심하게 한다) 내 병만 나을 수 있다면 내 뭐든지 다 하리다. 어서… 어서! 말을 해보시오.

의원1 : 아무래도….

의원2 : 인간 세상에 사는….

의원3 : (촐싹거리며) 인간 세상에 사는 토끼의 간을 먹을 수만 있다면….

물고기들 : (놀라며) 인간 세상에 사는 토끼의 간을 먹을 수만 있다면?

의원3 : 용왕님의 병은 나을 수 있습니다.

물고기들 : 토끼의 간~을 먹으면? 용왕님의 병이 낫는대~~! (무대 뛰어다닌다.)

용왕 : (반가운 듯 큰 소리로) 그게! 그게 정말이오?

의원1, 2, 3 : 예~! 살아 있는 토끼의 간을 먹을 수만 있다면 반드시 용왕님의 병이 나을 것입니다.

물고기들 : 토끼의 간! 토끼의 간을 구해야 해!

용왕 : 고~맙소! 여봐라~!

잉어 : 예!

용왕 : 저 의원들에게 진주목걸이 하나씩을 선물로 주도록 하여라~!

잉어 : 예! 분부대로 하겠습니다.

물고기들 : (진주목걸이를 의원들에게 하나씩 걸어 준다.)

의원들 : 고맙습니다.

용왕 : 여봐라~! 나의 충성스러운 신하들이여 모두모두 모이거라!

조명out/ 의원들 퇴장

2장

음악/ 조명 in/ 문어, 자라, 잉어, 물고기들 등장해 있다.

용왕 : 충성스러운 나의 신하들이여! 누가 인간 세상에 가서 토끼의 간을 구해 올 수 있겠느냐!

문어 : 용왕님! 제가, 이 문어가 다녀오겠습니다.

용왕 : 허! 허! 그~래?

자라 : 아니 되옵니다! 문어대신은 인간 세상에 가면 잡혀 먹힐 게 뻔합니다.

물고기들 : 잡아먹힌다고?

문어 : 아니 되옵니다. 제가 꼭! 기필코! 토끼를 산채로 잡아오겠습니다.

자라 : 문어대신! 자네는 인간 세상에서는 걸을 수 없을 걸세.

문어 : 자라대신~? 인간들이 자라탕을 얼마나 좋아하는지 모르시오? 자라대신도 인간 세상에 가면 잡혀 먹힐 것이오.

물고기들 : 자라대신도?

자라 : 문어대신은 물이 없으면 걷지도 못하지 않소? 그러니 내가 가겠소. 나는 땅 위에서도 걸어다닐 수 있지 않소.

물고기들 : 그건 그렇지!

잉어 : 이번에는 문어대신이 양보하는 게 현명할 것 같소.

물고기들 : 양보해! 양보!

잉어 : 용왕님! 아무래도 인간 세상에는 자라대신이 가야 할 것 같사옵니다.

물고기들 : 자라대신이 가야 할 것 같사옵니다.

용왕 : 그~래! 그럼 자라대신 조심해서 잘 다녀오시오.

자라 : 예! 용왕님! 살아 있는 토끼를 꼭 데려오겠습니다.

물고기들 : 꼭~! 데려오겠습니다.

문어 : 조심해서 다녀오시게 자라대신!

자라 : 양보해 줘서 고맙네.

자라 : 그런데… 용왕님!

용왕 : 왜 그러는가?

자라 : 저는 바다에서만 살아서 토끼가 어떻게 생겼는지 모르옵니다.

용왕 : 그렇겠구나. 그럼… 이 일을 어쩐다?

자라 : 그림을 잘 그리는 화가에게 토끼의 모습을 그리게 해 주십시오.

용왕 : 그~래! 여봐라~!

잉어 : 예!

용왕 : 자라대신의 말대로 그림 잘 그리는 화가를 불러서 토끼의 모습을 그리도록 하여라.

잉어 : 예! 용왕님!

물고기들 : 화가 씨~? 화가 씨!

음악/ 흰 동가리 화가 모자 쓰고 붓과 종이를 든 화가 등장.

흰 동가리 : 부르셨사옵니까?

용왕 : 그래! 어서 토끼의 모습을 그려서 자라대신에게 주도록 하라.

흰 동가리 : 토끼의 모습을요?

물고기들 : 그~래! 어서 그려 봐.

흰 동가리 : 예! 곧 그리도록 하겠사옵니다.

효과/ 쓱싹! 쓱싹! 연필로 그리는 소리 사이사이 음악.
조명/ 밝기 조절. 흰 동가리 그림 그리고 물고기들 그림 보면서 고개 갸우뚱거리며 흰 동가리 주위를 빙빙 돈다.

흰 동가리 : 이제 다 되었습니다.

용왕 : 수고했다.

흰 동가리 : 예! 용왕님!

잉어 : 자라대신, 이 그림을 잘~ 보고 꼭! 살아 있는 토끼를 데리고 오시게.

물고기들 : 꼭! 데리고 오시게.

자라 : (그림 받으면서) 여부가 있겠는가. 내 다녀오리다.

용왕 :(기침하면서 돌아누워 버린다)

문어 : 자라대신 어서 가시게.

물고기들 : 어서 가시게.

자라 : 걱정하지들 말고 있게나.

잉어 : 꼭! 살아 있는 토끼를 데려 오시게.

물고기들 : 꼭! 살아 있는 토끼를 데려 오시게.

자라 : 알겠네.

조명/ out

3장

음악/조명 in/ 자라대신 육지에 도착해서 세상 구경을 한다. 나비들 꽃에 앉아 있다. 새들 날아다닌다. 새소리 효과음 처리 한다. 새들 자라 등에 차례로 앉았다 다시 차례차례 줄을 맞춰서 날아간다.

자라 : 히야~! 여기가 육지구나. 정말 아름다운 곳인 걸!

음악/ 나비들 일제히 날아올라서 수직으로 수평으로 날아다니다 자라 앞으로 와서 인사를 하고 다시 꽃으로 날아가 앉는다.

자라 : 꽃들도 예쁘고, 나비들도 예쁘고, 새들도 예쁘고, 정말 아름다운 곳이야.

음악/ 다람쥐 등장.

다람쥐 : 쪼로롱~! 쪼로롱~!

자라 : 안녕?

다람쥐 : 안녕? 으응~? 처음 보는데 넌 누구니?

자라 : 난 용궁에서 사는 자라대신이야.

다람쥐 : 용궁에서 사는 자라대신? 그런데 여기는 왜 왔어?

자라 : 어… 그건…! 토끼를 좀 만나려고.

다람쥐 : 깡충! 깡충! 토끼?

자라 : 응! 너는 토끼를 아니?

다람쥐 : 그~~럼! 우리는 친구야.

자라 : 그럼 다람쥐 너는 토끼가 어디 사는지 아니?

다람쥐 : 그~~럼! 저쪽으로 쭉~! 가면 있을 거야.

자라 : 저쪽으로 쭉~?

다람쥐 : 그래 저쪽으로 쭉~!

자라 : 고마워~.

다람쥐 : 고맙기는 뭘~! 안녕~.

자라 : 그래 안녕! 저쪽으로 쭉~! 가면 토끼가 있다고? 어서 가야겠다.

다람쥐 동요 부르면서 퇴장
음악/ 노루와 사슴 등장.

노루 : 우리~! 누가 누가 빨리 저~쪽으로 가는지 달리기 시합하는 거다~?

사슴 : 좋아~!

노루 : 준비~~ 땅! (사슴 뛰어간다.) 에게게~? 넌 자라 아니니?

자라 : 넌 날 아니?

노루 : 당근이지?

자라 : 날 어떻게 아는데?

노루 : 헤공! 별주부잖아!

자라 : 그… 그렇지.

노루 : 우리들은 별주부 다~ 아는데?

사슴 : (뛰어가다 다시 온다.) 야! 뭐 해! 준비 땅! 했으면 뛰어야지.

노루 : 야! 바다에 사는 별주부가 여기 있어.

사슴 : 어? 정말이네? 근데 바다에나 있지 육지에는 뭐 하러 왔어?

자라 : 그게… 토끼를 좀 만나 보려고.

사슴 : 네가 토끼를 알아?

자라 : 옛날에 만났었는데 지금도 잘 지내는지 보고 싶기도 하고.

노루 : (사슴을 쳐다보면서) 별일이네~? 별주부가 토끼랑 친구였어?

사슴 : 글쎄? 모르겠는데? 야! 빨리 시합하자.

노루 : 그래? 준비~~ 땅!

노루, 사슴 달려간다.

자라 : 우와~ 무지 빠르다. 나도 저렇게 달릴 수 있다면 얼마나 좋을까….

음악/ 너구리 동요 부르면서 등장.

너구리 : 너굴~ 너굴~ 너구리. 나는야 너구리~?(너구리 자라 등에 걸려 넘어진다. 자라도 쭈르륵! 미끄러진다.) 아고고고! 깜짝이야! 잉? 너는! 그 별주부?
자라 : 휴우~! 너는 앞에 뭐가 있는지 안 보이냐?
너구리 : 보이기는 보이지. 저~기는 산이고? 응… 너는 별주부잖아!
자라 : 놀랐잖아!
너구리 : 뭐! 그 정도 가지고 놀라고 그러냐?
자라 : 자라 보고 놀란 가슴 솥뚜껑 보고 놀란다고 휴우~!
너구리 : 그런데… (자라 주위를 한 바퀴 돌면서) 별주부가 여긴 웬일이셔?
자라 : 토끼를 만나러 왔어.
너구리 : 그… 그러니까! 그 꾀 많은 토끼를 만나러 왔다 이거지?
자라 : 그래.
너구리 : 그래? 그럼 토끼 만나러 잘 가셔~. 난 바빠서 이만!
자라 : 나랑 같이 가자.
너구리 : 느릿~ 느릿! 걸음이 그렇게 느린데 나랑 같이 가자고?
자라 : 같이 가면 안 심심할 것 같아서.
너구리 : 나는! 혼자서도 안 심심한데?
자라 : 토끼가 있는 곳까지만 같이 가면 안 될까?
너구리 : 나는 안 심심하셔! 혼자 느릿~ 느릿~! 천천히 가셔!

음악/ 너구리 퇴장.

자라 : (너구리 가는 쪽을 바라보다 토끼 그림이랑 비슷한 동물을 발견한다.) 어! 저건 이 그림이랑 똑같이 생겼다! (자라 그림을 꺼내서 확인한다.) 똑같이 생겼

다! 어서 가야겠다.

조명 out/ 음악 · 조명 in/ 자라 토끼 앞에 서 있다.

4장

자라 : 안녕하시오, 토끼 선생!

토끼 : (깡충깡충 뛰어가다 뒤돌아본다.) 어? 안녕? 어라~? 별주부는 별주부인데 이상하게도 생겼네?

자라 : 하하하! 난 바다 용궁에서도 살고 육지에서도 살고 그래서 이렇게 생겼소.

토끼 : 용궁? 그런데 용궁에는 사냥꾼도 있나요?

자라 : 사냥꾼은 없소.

토끼 : 그러면…? 무서운 호랑이는요?

자라 : 물론! 호랑이도 없소.

토끼 : 와~! 그러면 도망 다니지도 않고 무섭지도 않겠다.

자라 : 당연한 말씀! 우리 용궁에서는 매일매일 맛있는 잔치음식을 차려 놓고 노래도 부르고 춤도 덩실~ 덩실~ 추면서 행복하게 산다오.

토끼 : 용궁은 어떻게 생겼을까?

자라 : 토끼 선생! 우리 용궁에 가보고 싶지 않소?

토끼 : 가보고 싶은데….

자라 : 그래요? 그럼 나랑 같이 용궁 구경 가시겠소?

토끼 : (저으며) 그렇지만! 나는 육지에 사는 토끼인데 용궁에 어떻게 가죠?

자라 : 토끼 선생 원한다면 제가 모시지요.

토끼 : 안 될걸요? 바다 속에 들어가면 꼬르륵! 가라앉고 말걸요?

자라 : 하하하하! 토끼 선생! 걱정 마시오. 내 등에 업혀서 눈만 딱! 감고 있으면 용궁에 도착할 것이오.

토끼 : 어젯밤 꿈에….

자라 : 꿈?

토끼 : 네~.

자라 : 무슨 꿈을 꾸었는지 말해 보시오. 내가 꿈 해몽을 해드리리다.

토끼 : 정말요?

자라 : 그럼요, 말해 보시오.

토끼 : 그러니까… 그게 칼이 으~~~ 무서워 피가 나왔어요.

자라 : 하하하! 피? 아주 좋은 꿈을 꾸었구려.

토끼 : 좋은 꿈?

자라 : 꿈은 반대라 하지 않소. 아마… 그 피는… 높은 벼슬을 할 징조요.

토끼 : 벼슬? 내가?

자라 : 그렇소! 어서 내 등에 타시오. 용궁으로 출발합시다.

음악/ 너구리 등장.

너구리 : 토끼야! 너 지금 별주부한테 속고 있는 거야!

토끼 : 내가? 속고 있다고?

너구리 : 그래!

자라 : 너구리는 토끼 선생이 큰 벼슬에 올라서 부귀영화를 누리는 게 배가 아픈가 보구려.

너구리 : 토끼야 안 돼! 속고 있는 거야! 토끼는 산에서 살아야지. 넌 바다에서 사는 토끼가 아니야!

토끼 : 너구리 말도 맞는 것 같은데 어쩌지?

자라 : 토끼 선생! 현명하신 줄 알았더니 그게 아닌 모양이오. 싫으면 관두시오! 난 바빠서 가봐야겠소!

토끼 : 아니~! 그게 아니라… 아니? 나도 데려가요. 어서 가요!

자라 : 자! 그럼! 내 등에 타시오.

자라 토끼를 등에 업고 퇴장.

조명 out

5장

효과/ 바닷물 출렁이는 소리.
조명 in/ 자라 용궁에 도착한다. 물고기들 토끼의 팔다리를 잡고 번쩍 든다. 토끼 놀란다.

물고기들 : 토끼야? 용궁까지 와 줘서 고마워. 그렇지만 너무 슬퍼하지 마! 다 우리 용왕님을 위해서 어쩔 수 없었단다.

토끼 : (잠시 머뭇거리다) 잠깐! 내가 어차피 죽을 거라면 한 말씀 올릴게요.

용왕 : 허! 허! 허! 한 말씀? 어디 한번 해 보거라!

토끼 : (훌쩍이며) 아니~ 토끼는 아침 이슬과 저녁 안개를 먹고 깨끗한 풀과 샘물을 먹고 살기 때문에 간이 너무 깨끗해서 훌륭한 약이 된다고 만나는 사람들마다 간을 달라고 하지요~. 그래서! 우리 토끼들은 아예 간을 빼서 맑고 깨끗한 샘물에 놓아 두고 다닌답니다. 별주부가 내 간이 필요하다고만 했어도 간을 가지고 오는 건데…. 별주부가 내 간이 필요하다는 말을 안 해서 간을 샘물에 빼 놓고 왔는데, 그래서 지금 내 뱃속에는 간이 없는데 어쩌죠?

물고기들 : 간을 샘물에 빼 놓고 왔다고?

문어 : 말도 안 돼! 간을 어떻게 빼 놓고 다녀?

용왕 : 네~ 이놈! 어찌 그리 거짓말도 잘 하느냐. 어떻게 간을 넣었다 뺐다 한단 말이냐

토끼 : 그럼 용왕님? 제 배를 갈라 보세요. 간이 없을 게 빤한데 내 배를 갈라서 내가 죽어 버리면 어떻게 토끼의 간을 구하시겠어요?

물고기들 : 토끼가 간을 샘물에다 빼 놓고 왔대.

용왕 : 이런~! 쯧쯧쯧.

자라 : 용왕님! 원래 토끼가 꾀 많은 짐승입니다. 토끼 말을 믿지 마십시오.

토끼 : 자라 씨! 참으로 미련하시네? 자! 그러면 어서 내 배를 갈라 보시오.

잉어 : 용왕님! 아무래도 토끼의 말이….

용왕 : 허! 허! 그것 참! 그럼 토끼야!

토끼 : 네~ 용왕님?

물고기들 : (토끼 주위 빙빙 돈다.)

용왕 : 자라대신이랑 다시 육지로 가서 네 간을 가져오겠느냐?

토끼 : 물론입죠! 용왕님~!

물고기들 : 너~ 그 말 정말이지?

토끼 : 그럼~! 당연하지. 치! 이 토끼를 뭘로 보고. 속고만 살았냐?

물고기들 : 아~니?

용왕 : 자라대신!

자라 : 예~! 용왕님.

용왕 : 내일 다시 육지로 가서 토끼의 간을 가지고 오도록 하여라.

자라 : 예~! 용왕님!

용왕 : 그리고 오늘은 토끼를 위해서 맛있는 음식을 차리고 잔치를 열거라.

잉어 : 예! 용왕님.

음악/ 풍악소리/ 모두들 신나게 춤춘다.
조명 out

6장

음악/ 조명in/ 자라 토끼 업고 육지 입구에 도착.

자라 : 토끼 선생! 어서 샘물에 가서 간을 가지고 오시게.

토끼 : 뭐? 내 간을 가지고 오라고? 어림없는 소리! 세상에 간을 어떻게 빼 놓고 사니? 이 미련 곰탱이 자라야! 헤헤! 속았지?

자라 : 아니~! 저, 저 녀석이! 아이고 망했다.

토끼 : 미련 곰탱이! 자라대신~? 헤헤헤 안녕~!

자라 : 아이고 나는 망했다!

효과/ 물 풍덩 소리. 자라 퇴장.
음악/ 독수리 등장하여 토끼를 낚아챈다.

토끼 : 어라? 내가 날아가고 있네? 용궁에 갔다 왔더니 나한테도 날개가 생겼나?

독수리 : 이 꾀 많은 토끼야? 배고픈데 잘 걸렸다!

토끼 : 독수리 아줌마! 왜 이러세요?

독수리 : 난 지금 몹시 배가 고프거든?

토끼 : 독수리 아줌마, 참! 딱도 하세요!

독수리 : 뭐? 내가 딱하다고?

토끼 : 그~럼요. 당근이죠!

독수리 : 내가 너한테 속을 줄 알고?

토끼 : 그게 아닌데? 내가 작년부터 독수리 아줌마 주려고 양식을 모아 두었어요. 그리고 용왕님한테 받은 선물도 주려고 감춰 놓았다고요.

독수리 : 다시는 너한테 안 속아!

토끼 : 독수리 아줌마는 속고만 살았나 봐요. 사람 말을 그렇게 못 믿어요?

독수리 : 네가 사람이냐? 꾀 많은 토끼지! 나는 네가 용궁에 갔다 온 것도 다~ 안다.

토끼 : 내가 용궁에 갔다 온 걸 알면 내가 독수리 아줌마 선물 챙겨 온 것고 다~! 아시겠네요 뭐! 치! 나는 독수리 아줌마 생각해서 선물도 챙겨 와서 아무도 안 주고 동굴에다 숨겨 두었는데 아줌마는 그것도 모르고….

독수리 : 그래? 그 말 정말이지? 날 속이면 알지?

토끼 : 그럼요! 죽음이죠. 어서 저 아래 동굴 속으로 데려다 주세요.

독수리 : 알았어.

음악/ 독수리 동굴 앞으로 간다.

독수리 : 자! 어서 양식이랑 선물을 가지고 와!

토끼: 참~! 독수리 아줌마도~ 날 놔줘야 선물이랑 양식을 꺼내 오든지 말든지 하죠. 그렇게 꽉! 잡고 있으면 어떻게 동굴 속으로 가요?

독수리 : 알았어. 놔 줄게. 빨리 가지고 나와!

토끼 : 고맙습니다, 독수리 아줌마. 아이참~! 한쪽 발도 놔 줘야 동굴 속으로 기어서 들어가죠. 저기 안에 깊숙이 숨겨 두었는데~!

독수리 : 그래~? 자! 그럼 빨리 들어가.

음악/ 토끼 동굴 속으로 쏙 들어가 버린다.

토끼 : 헤헤헤~? 독수리 아줌마도 바~보!

독수리 : 뭐라고?

토끼 : 헤헤헤~! 동굴 속에 선물이 어딨어요? 뻥~이지!

독수리 : 뭐? 뭐라~고! 이 꾀 많은 토끼야. 아이고 분해라. 내가 토끼한테 속다니! 동굴 속에서 나오기만 해 봐라~!

토끼 : 독수리 아줌마 바~~보! 동굴 밖에서 하루 종일 기다려 보세요. 이 토끼는 절~~대로 동굴 밖으로 안 나가요. 독수리 아줌마 바~~보!

음악/조명 out

3. 명작동화 대본

피노키오

원작/ 카를로 콜로디
각색/연출/ 문 빈

- **등장인물** : 제페토 할아버지, 피노키오, 천사, 당나귀, 여우, 고양이, 고래, 딱따구리, 아이들(멩구, 훈이, 칠수), 극장주인, 액션가면

1장

음악/조명 in
효과/ 나무 다듬는 소리를 배경으로 깔면서 대사 처리한다.
조명out

할아버지 : (무대 안) 이 인형의 이름을 피노키오라고 해야겠어. 코도 오똑~!하고 아주 똑똑하게 잘생겼어.

음악/ 조명 in/ 피노키오 등장.

피노키오 : 히~ 얘들아~ 얘들아~! 안녕? 나! 난 피노키오라고 해. 우리 친구들 만나서 무~지 반가워. 근데 있지, 나는 인형이라서 손과 발을 움직일 수가 없어! 나도 친구들처럼 유치원에도 가고, 놀이터에도 가고, 학원도 다니고 싶고 축구도 하고 싶은데… 그리고… 히~? 여자친구도 있었으면 좋겠어.

조명 out
음악/조명 in/ 천사 등장.
무대/ 피노키오 구석에 앉아 있다.

천사 : 피노키오~? 피노키오~!

피노키오 : 어… 어! 누… 누구세요~?

천사 : 피노키오 이리 온~!

피노키오 : 그치만 난… 움직일 수가 없어요.

천사 : 오~! 저런! 왜 움직일 수가 없니? 어디 다쳤니?

피노키오 : 그… 그게 아니라… 저는요, 그러니까 나무 인형이거든요?

천사 : 그랬구나.

피노키오 : 네~. 제페토 할아버지께서 절 만들어 주셨어요.

천사 : 그래? 그럼… 피노키오? 말도 하고 할아버지 심부름도 해 드릴 수 있게 해 줄까~?

피노키오 : 저, 정말이요?

천사 : 그~럼! 그 대신 거짓말을 하면 안 된다.

피노키오 : 그~럼~요!

천사 : 그럼 팔부터 움직이게 해줄게.

음악/ 천사 요술봉을 피노키오의 팔에 갖다 댄다.
효과/ 물방울

천사 : 자~! 팔을 한번 움직여 볼래~?

피노키오 : (팔을 들어 본다.) 우~와! 내 팔이, 내 팔이 진짜 사람처럼 움직인 다~~! 얘들아~ 나처럼 해 봐? 하나, 둘! 하나, 둘! 우하하하. 정말 내 팔이 움직인다! 천사님~! 천사님, 고맙습니다. 그런데… 움직일 수가 없어….

천사 : 그럼 다리도 움직일 수 있게 해줄게.

음악
효과/ 비눗방울과 함께 금 · 은가루 피노키오에게 뿌린다.

천사 : 자~! 이제 천천히 움직여 보렴.

피노키오 : (다리 움직여 본다) 우와! 우~와~~!

음악/ 피노키오 경쾌하게 무대 위를 뛰어다닌다.

피노키오 : 피노키오도 움직일 수 있게 됐어. 예들아, 얘들아~~! 히~? 나도, 피노키오도 이제 너희들처럼 걸어다닐 수도 있고 뛰어다닐 수도 있다? 좋겠지! 천사님! 천~사님~! 고맙습니다.

천사 : 피노키오, 거짓말을 하면 안 돼! 약속은 꼭! 지켜야 한다.

피노키오 : 네~ 천사님~!

천사 퇴장/ 조명out/ 음악
조명in / 아침 분위기. 할아버지 등장.

할아버지 : 아이구 허리야~! 이제 나이가 들어서 그런지 영~ 기운이 없어, 그나저나 우리 피노키오가 잘 있는지 가봐야겠군.

음악/ 피노키오 등장.

피노키오 : 할~아버지! 할~아버지~! 안녕히 주무셨어요?

할아버지 : 아… 아~니! 넌… 너너 넌 … 피노키오 아니냐!

피노키오 : 히이~? 네! 할아버지 저예요, 피노키오!

할아버지 : 아니~! 이… 이게 어떻게 된 거냐!

피노키오 : 히히히~? 그거요, 어젯밤에 천사님이요….

할아버지 : 처… 처… 천사님이?

피노키오 : 네~! 천사님이요~!

할아버지 : 아니~ 그러면 천사님이 널 이렇게 해 주셨단 말이냐?

피노키오 : 네! 할아버지.

할아버지 : 세상에~ 이렇게 고마울 데가…

피노키오 : 히히히~ 할아버지, 정말 날아갈 것같이 좋아요~!

할아버지 : 허허허~ 피노키오야, 그러면 우리 아침부터 먹을까?

피노키오 : 히~~ 네~ 할아버지!

조명out
음악/ 무대 안

할아버지 : 피노키오~!

피노키오 : 네~ 할아버지!

할아버지 : 자~! 이 가방을 메거라.

피노키오 : 가방을요?

할아버지 : 너도 이제 유치원에 가서 공부해야지.

피노키오 : 네~ 할아버지 유치원 다녀오겠습니다.

2장

음악
조명 in/ 피노키오 등장.

피노키오 : 애들아~ 얘들아~! 나 피노키오 있지, 어디 가게~? 히히~ 나 있지 오늘부터 유치원 간다? 히~ 좋겠지?

음악/ 동요 1절/ 피노키오 퇴장.
음악/ 고양이 · 여우 등장.

여우 : 아휴! 시끄러워 죽겠네.

고양이 : 도대체 누가 이렇게 시끄럽게 하는 거야!

여우 : 꽃밭에는 꽃들이~

고양이 : 꽃밭에는 꽃들이? 무슨 노래인지 한~~개도 모르겠네.

여우 : 그러게 말이야.

고양이 : 빨리 인형극이나 보러 가자.

여우 : 그래, 그러자.

음악/ 피노키오 등장

여우 : 어라~? 저건 또 뭐야!

고양이 : 그러게~?

여우 : 움직이네!

고양이 : 그러게~?

여우 : 야! 뭐가 그러게~ 그러게~야 임마!

고양이 : 임마! 임마! 임마! 하지 마~ 임마!

피노키오 : 친구들 안녕?

여우 : 어? 말도 하네?

고양이 : 그러게~?

여우 : 앗!쭈그리그리~ 안녕이다.

고양이 :넌 처음 보는데?

피노키오 : 나? 난 피노키오라고 해. 만나서 반가워.

여우 : 앗!쭈그리그리그리~ 말도 잘하네?

고양이 : 그런데 어디 가냐?

피노키오 : 응… 공부하러 유치원 가는 중이야.

여우 : 공부?

고양이 : 공~~부? 그거 딥따리 머리 아픈 건데!

여우 : 맞아!

고양이 : 그러지 말고 우리랑 인형극 보러 갈래? 유치원은 나중에도 갈 수 있잖아!

여우 : 맞아!

피노키오 : 안 되는데….

고양이 : 야! 인형극은 오늘만 하지만 유치원은 내일도 모레도 갈 수 있잖아!

여우 : 맞아!

피노키오 : 그~ 그렇긴 하지만….

고양이 : 에고! 인형극 시작할 시간이다.

여우 : 맞아!

고양이 : 야! 여우 너는 맞아! 맞아! 맞아!밖에 몰라?

여우 : 맞아!

고양이 : 으이그~~! 미련 곰탱이!

여우 : 야! 나는 미련 곰~~~ 탱이가 아니라 여우야, 여우!

고양이 : 알았어~. 빨리 가자!

피노키오 고양이 · 여우와 함께 퇴장/ 조명out
음악

조명in/ 피노키오 · 여우 · 고양이 등장.

여우 : 빨랑 와~.

피노키오 : 유치원 가야 하는데….

고양이 : 야! 유치원은 내일 가도 된다니까!

여우 : 맞아!

고양이 : 오늘은 인형극 보고 유치원은 내일 가.

여우 : 맞아!

피노키오 : 그… 그럼 오늘만이다!

고양이 : 그럼! 당연하지.

여우 : 빨랑 가자!

모두들 퇴장/ 조명out

3장

음악
조명 in/ 동요

피노키오 · 여우 · 고양이 앉아서 인형극을 본다. 인형들 음악에 맞춰서 춤을 춘다.

피노키오 : 와~! 재미있다!

고양이 : 인형극은 맨날 맨날 봐도~ 봐도 재미있어.

여우 : 맞아!

피노키오 : 히이야 ! 노래도 잘한다.

고양이 : 피노키오야, 재밌지?

피노키오 : 웅! 무~~지! 재밌어!

극장주인 등장. 피노키오를 유심히 살펴본다.

극장주인 : 아니~! 인형 같은데… 말을 하네? 저 녀석을 무대에 올리면… 올리면? 하! 하! 나는 부~자가 될 거야! 저 녀석을 감옥에 가둬 버려야겠어! 얘~ 얘~! 꼬마야!

피노키오 : 저… 저 말인가요?

극장주인 : 하! 하! 하! 그래 아주 똑똑하게 생겼구나.

피노키오 : 히이~? 안녕하세요? 저는요, 피노키오라고 해요.

극장주인 : 하! 하! 하! 그래~? 꼬마야, 이리 온? (피노키오 잡아당긴다.)

피노키오 : 아~ 아저씨! 왜 이러세요.

음악/ 긴장감 있게 대사 중간 사이사이 배경으로 깔면서

극장주인 : 널 무대에 올려서 돈을 벌어야겠어!

피노키오 : 안 돼요!

극장주인 : 이리 와~! 난 부자가 될 거야! (피노키오 끌고 간다.)

조명 out

피노키오 : (무대 안) 아~~~!! 피노키오 살려~!!!

음악/ 조명 in/ 피노키오 감옥에 갇혀 있다.

피노키오 : 히이잉~! 힝~~! 유치원에 갈 걸. 유치원에서 선생님이랑 친구들이 기다릴 텐데…. 선생님도 보고 싶고, 친구들도 보고 싶다. 친구들! 친구들~! 너희들은 유치원 가기 싫다고 안 가고 그러면 안 된다!

음악/ 천사 등장.

천사 : 피노키오~?

피노키오 : 네! 천사님.

천사 : 우리 피노키오 안녕? 그런데 피노키오? 거기서 뭐하니?

피노키오 : 저… 그게… 그러니까 그게요….

천사 : 일단 감옥에서 널 꺼내 줄게.

효과/ 쇠문 따는 소리.

피노키오 : 천사님 그게요~ 피노키오는 유치원에 가려고 했는데요, 자꾸만 자꾸만… 고양이랑 여우가 인형극 보러 가자고 자꾸만… 그랬어요. 피노키오는 안 간다고 했는데….

효과/ 코 길어지는 소리/ 스르륵~!/ 피노키오의 코가 길어진다.

천사 : 피노키오 거짓말하면 안 돼요!

피노키오 : 정말이에요. 피노키오는 안 간다고 했는데 여우랑 고양이가 피노키오를 끌고 갔어요.

효과/ 피노키오 코 길어지는 소리/ 피노키오의 코가 더 길어진다.

천사 : 피노키오~? 거짓말하면 코가 자꾸만 길어질 텐데~!

피노키오 : 어? 어, 어, 어! 내 코! 내 코가 자꾸만 길어진다! (울먹이면서) 자… 잘못했어요, 천사님! 천사님~! 다시는~ 다시는 거짓말! 그거 안 할게요.

천사 : 그 말! 정말이지 피노키오~?

피노키오 : 네! 거짓말 다시는~! 다시는! 거짓말 안 할게요.

천사 : 정말 다시는 거짓말 안 하는 거다, 피노키오!

피노키오 : 네! 다시는요!

천사 : 딱따구리야~? 딱따구리야~!

효과/ 휘파람 소리.
음악/ 딱따구리 등장.

딱따구리 : 우하하하! 피노키오 코 좀 봐. 피노키오 코에다 딱따구리 집을 지어도 되겠다.

천사 : 딱따구리야~? 피노키오가 다시는 거짓말 안 하기로 약속 했거든~?

딱따구리 : 정말요?

천사 : 그~래!

피노키오 : 그래! 나! 피노키오 다시는 거짓말 안 할거다 뭐!

천사 : 딱따구리야~?

딱따구리 : 네~ 천사님!

천사 : 우리 피노키오 코를 예쁘게 만들어 주겠니~?

딱따구리 : 그거라면 자신 있어요.

음악/ 딱따구리 나무 쪼아 대는 소리/ 피노키오의 코 예전 모습으로.

딱따구리 : 히~힛! 어때요, 천사님? 이 정도면 되겠죠?

천사 : 그래, 아~주! 훌륭해, 딱따구리!

피노키오 : 천사님 고맙습니다. 딱따구리야, 고마워!

딱따구리 : 피노키오! 다시는 거짓말 하지 마! 거짓말은 아주 나쁜 거야.

피노키오 : 알았어. 다시는 거짓말 안 할게.

딱따구리 : 그럼! 나중에 또 만나자. 안녕~! 천사님도 안녕~!

천사 : 수고했다, 딱따구리~.

음악/ 딱따구리 퇴장.

천사 : 피노키오~? 할아버지께서 기다리시겠다. 어서 집으로 가야지~?

피노키오 : 네 천~사님!

천사 : 내일은 꼭! 유치원에 가도록 하렴~.

음악/ 천사 퇴장.

피노키오 : 휴우~! 큰일 날 뻔했다. 할아버지께서 기다리시겠다. 빨리 집에 가야겠어.

피노키오 퇴장.

4장

조명 out
음악
조명 in/ 맹구 총 메고, 철수 액션가면 들고 등장.

철수 : 야! 맹구야. 빨리 와!

맹구 : 알았어.

철수 : 우리 실컷! 놀다 가자.

맹구 : 히~? 그래 실컷! 놀다 가자.

철수 : 나는~! 공부도 하기 싫고 노는 게 젤~ 좋아.

맹구 : 나~두 노는 게 젤~ 좋아.

음악/ 피노키오 등장.

철수 : 어? 피노키오다.

맹구 : 피노키오 안녕?

피노키오 : 맹구, 철수 안녕~?

철수 : 피노키오, 근데 너 어디 가는데?

피노키오 : 응….

맹구 : 어디 가는데~?

피노키오 : 집에 가는 길이야. 근데 너희들은 집에 안 가니?

철수 : 집? 우리는 실컷! 놀다가 갈 건데.

피노키오 : 그래….

맹구 : 피노키오! 너도 우리랑 놀다 가.

피노키오 : 안 돼~ 할아버지께서 피노키오 기다리고 계실 거야.

철수 : 에~이! 그래도 쬐끔만 놀다 가.

맹구 : 그래~! 쬐~~끔만! 놀다 가.

피노키오 : 히이~? 그럼 쬐끔만이다?

음악 흐른다. 총싸움 한다.

맹구 : 탕! 따다다다 탕!

피노키오 : 으~윽! 나의 죽음을 적에게 알리지 마라.

철수 : 장군님! 장군님! 어서 일어나세요. 적들이 몰려와요.

효과/ 말발굽 소리.

맹구 : 따! 다다다다다 따당! 따당!

철수 : 나는 정의의 사나이 액션가면! 내가 널 무찌르겠다!

음악/ 서부의 사나이.

피노키오 : 으~윽! 내가 죽거든 훌륭하게 싸웠노라고 전해다오. 윽!

음악/ 포그/ 피노키오 당나귀로 변한다.

철수 : 어! 어 어어! 장군님! 장군님! 흑! 흑! 흑! 장군님이 당나귀로 변하다니… 이~ 못된 악당 같으니라구! 자~! 덤벼라!

맹구 : 내가 널 한방에 보내 주마! 탕! 탕! 탕!

철수 : 으~~윽!

음악/ 포그/ 맹구 철수 당나귀로 변한다.
효과/ 말울음 소리/ 서로들 쳐다보고 놀라서 뛰어다닌다.
음악/ 천사 등장.

피노키오 : (효과/ 말울음 소리) 히이잉~!

천사 : 뭐라고~? 앞으로는 정말 착한 피노키오가 되겠다고?

피노키오 · 철수 · 맹구 : (효과/ 말울음 소리) 히이잉~!

천사 : 너희들 그 말 믿어도 되겠니?

피노키오 · 철수 · 맹구 : (효과/ 말울음 소리) 히이잉~!

천사 : 그래? 그럼… 잠시만 기다리거라.

음악
효과/ 포그/ 비눗방울

천사 요술봉을 아이들에게 갖다 댄다. 아이들 본래 모습.

철수 : 천사님~!고맙습니다.

맹구 : 저두~요, 천사님!

피노키오 : 저두요. 앞으로는 유치원에도 잘 가고 착한 피노키오가 될래요.

천사들 : 너희들~! 공부는 안 하고 놀기만 하면 안 되는 거다. 알겠지~?

피노키오 · 철수 · 맹구 : 네~ 천사님!

천사 : 그럼 안녕~!

피노키오 · 철수 · 맹구 : 안녕히 가세요. 천사님~~!

철수 : 휴우~ 살았다!

맹구 : 나~두.

피노키오 : 나~두.

철수 : 집에 가자.

맹구 : 그래 집에 가자. 우리 엄마가 날 찾으러 다니실 거야.

피노키오 : 맞아! 어쩌면 우리 할아버지도 날 찾고 계실 거야. 맹구야, 철수야 안녕~!

철수 : 맹구야, 우리도 가자.

맹구 : 그래~ 안녕~!

5장

조명 out
음악
조명 in/ 피노키오 등장.

피노키오 : 할아버지~! 할아버지~! 피노키오 왔어요. 할아버지~! 어? 할아버지께서 어딜 가셨지?

음악/ 딱따구리 등장.

피노키오 : 어! 딱따구리 안녕? 근데 혹시… 우리 할아버지 어디 가셨는지 아니?
딱따구리 : 할아버지?
피노키오 : 응!
딱따구리 : 피노키오 널 찾아야겠다며 바닷가에 가셨는데 고래가 잡아먹었어!
피노키오 : 뭐? 고래가?
딱따구리 : 그~래! 할아버지를 찾으려면 바닷가에 가서 고래를 찾아 봐. 아마 고래 뱃속에 할아버지가 갇혀 계실걸?

음악/ 딱따구리 퇴장.

피노키오 : 바닷가? 고래?

조명 out
음악
조명 in/ 피노키오 등장.

피노키오 : 어! 고래다! 저 고래 뱃속에 우리 할아버지가 있단 말이지? 내가 고래를 잡아서 할아버지를 구해낼 거야.

효과/ 파도 소리.

고래 등장. 피노키오를 삼켜 버린다. 고래 파도를 타고 왔다 갔다 한다. 고래 뱃속에 할아버지와 피노키오 갇혀 있다.

피노키오 : 할아버지, 할아버지~!

할아버지 : 아~니! 우리 피노키오 아니냐? 아! 그런데 고래 뱃속까지 어떻게 왔어?

피노키오 : 할아버지를 구해 드리려고 했는데… 고래가 피노키오도 삼켜 버렸어요.

할아버지 : 그나저나 고래 뱃속에서 어떻게 나가지~?

피노키오 : 할아버지! 고래 뱃속에서 불을 피우면 요 고래가 숨을 못 쉴 거예요.

할아버지 : 아~! 그런 방법이 있었구나. 우리 한번 해볼까?

피노키오 : 네, 할아버지!

효과/ 포그/ 파도 소리/ 고래 소리/ 할아버지와 피노키오가 차례로 고래 뱃속에서 튕겨나온다.

피노키오 : (울면서) 할아버지~ 할아버지~!

할아버지 : 오냐~오냐! 우리 피노키오 이젠 살았구나.

피노키오 : 할아버지~ 할아버지~! 다시는~ 다시는 거짓말 안 하고 쬐끔만 놀고 공부도 열심히 할게요.

할아버지 : 그럼~그럼! 그래야지.

음악/ 할아버지와 피노키오 퇴장.

조명 out

4. 이솝우화 대본

개미와 베짱이

원작/이솝
각색/연출/문 빈

● 등장인물 : 개미1, 2, 3, 4, 베짱이, 구름, 해님

1장

무대/ 음악
조명 in
효과/ 땅 파는 소리.

개미들 등장.

개미1 : 애들아 빨리 빨리 해.
개미2 : 알았어.
개미3 : 열심히 하고 있어.
개미4 : 형, 힘든데 좀 쉬었다 하자. 힝~~!
개미1 : 힘들어도 열심히 해야지. 그래야 겨울 동안 맛있게 먹을 수 있어.
개미2 : 맞아. 추운 겨울에 먹을 게 없으면 안 되는 거야.
개미3 : 그럼~! 지금은 힘들어도 열심히 먹이를 모아 두면 겨울을 따뜻하게 보낼 수 있어. 막내야 힘내.
개미4 : 힝~! 그래도 막내는 힘들단 말이야. 힝~!
개미1 : 우리 막내 힘들면 좀 쉬어. 형아가 네 몫까지 할게.
개미4 : 정말? 히~ 고마워. 형아.
개미2 : 그건 안 돼! 힘들다고 쉬고….
개미3 : 일 할 때는 다같이 열심히 해야지.

개미4 : 으 아아아앙~! 막내는 힘들단 말이야. 나 일 안 해.

개미1 : 우리 막내만 조금만 쉬라고 하자. 그 대신 내가 열심히 할게.

개미2 : 그러면 막내 너는 조금만 먹기다.

개미3 : 그래 막내 너는 조금만 먹는 거다.

개미4 : 치! 그런 게 어딨어?

개미1 : 그런다고 삐치면 안 돼, 막내야.

개미4 : 형들은 욕심꾸러기야. 미워!

음악/ 동요
베짱이 등장.

개미4 : 근데… 쟤는 누구야?

베짱이 : 안녕~? 개미친구들?

개미1, 2, 3 : 안녕~? 베짱이!

베짱이 : 더운데 먹이 그만 찾고 나랑 노래 부르면서 조금만 놀자. 놀다 가. 쉬고 놀다 가! 일도 쉬어 가면서 해야지.

개미4 : 우리 형아들이 그러는데, 겨울에 맛있는 먹이를 배부르게 먹으려면 지금부터 열심히 먹이를 모아 두어야 한댔어.

베짱이 : 야! 꼬맹아, 넌 누구냐? 처음 보는데.

개미4 : 나는 막내라고 하는데?

베짱이 : 그래? 꼬맹이 너 참 귀엽게 생겼다.

개미4 : 꼬맹이! 꼬맹이 하지 마!

개미1 : 막내야, 베짱이는 우리 친구야.

베짱이 : 막내였어? 꼬맹이가 귀엽다.

개미1 : 웅! 우리 막내야.

베짱이 : 개미야 그러지 말고 나랑 놀자. 내가 노래 가르쳐 줄게.

개미1 : 그러고 싶지만 … 겨울 양식을 준비해야 하거든.

개미2 : 일하기 싫다고 놀아 버리면 겨울엔 굶어야 해.

개미3 : 베짱이 너는 겨울 동안 먹을 양식 준비했어?

베짱이 : 아니? 아직 겨울이 오려면 멀었잖아. 천천히 하지 뭐.

개미1 : 그래? 나중에 또 만나자.

개미2 : 우리는 놀 시간이 없어서….

개미3 : 너도 놀지만 말고 겨울 양식을 준비해 둬.

개미4 : 안뇽~ 안뇽! 베짱이~

음악/ 개미들 퇴장.

베짱이 : 개미들은 일밖에 모른다니까. 더울 때는 이렇게 시원한 나무 그늘에 앉아서 노래도 부르고 낮잠도 자고 그러는 거지.

베짱이, '곰 세 마리' 노래를 부른다.

음악/ 구름 등장.

구름 : 베짱이 안녕?

베짱이 : 안녕하세요? 구름 아저씨.

구름 : 허! 허! 허! 넌 여기서 뭐하니? 개미친구들은 땀을 뻘뻘 흘리면서 일하느라 바쁘던데.

베짱이 : 개미친구들이요? 개미들은 일밖에 할 줄 모르는 일벌레예요.

구름 : 일벌레?

베짱이 : 네에, 일벌레요.

구름 : 그럼 베짱이는 겨울 동안 먹을 양식을 준비했니?

베짱이 : 아~니요. 아직 가을도 있는데요 뭐.

구름 : 그래도 놀지만 말고 베짱이도 겨울 준비를 미리 하거라.

베짱이 : 구름 아저씨도 참~! 더울 땐 노는 게 최고라니까요.

구름 : 허허허~! 그래? 그럼 나중에 보자.

베짱이 : 구름 아저씨 베짱이랑 놀다 가세요.

구름 : 안 된단다. 들판에도 가 봐야 하고, 바빠요.

베짱이 : 아저씨~! 베짱이가 '곰 세 마리' 노래 가르쳐 드릴게요.

구름 : 이 아저씨도 노래 배우고 싶은데, 더우니까 그늘이 필요한 친구들한테 가 봐야 해요. 나중에~ 나중에! 가르쳐 주렴.

베짱이 : 네… 그럼 안녕히 가세요.

음악/ 구름 퇴장.

베짱이 : 에이, 심심해. 노래는 혼자 부르면 하나도 재미없는데….

관객과 함께 동요 부르다.
조명 out

2장

음악/ 동요
조명 in/ 해님 등장.

해님 : 베짱이 안녕~?

베짱이 : 해님 아줌마 안녕하세요? 그런데 어딜 그렇게 바쁘게 가세요?

해님 : 들판의 곡식들한테 간단다.

베짱이 : 왜요?

해님 : 그건 말이지, 내가 골고루 비춰 줘야 곡식들도 잘 자라고 과일들도 맛있게 잘 익거든.

베짱이 : 그래도 더운데 베짱이랑 노래 부르면서 같이 놀아요.

해님 : 아줌마도 베짱이랑 놀아 주고 싶지만 친구들이 기다리거든~?

베짱이 : 에~이! 제가 노래 불러 드릴게요. 조금만 쉬었다 가세요.

해님 : 나중에~ 나중에 놀아 줄게 안녕~.

음악/ 해님 퇴장.

베짱이 : 구름 아저씨도 바쁘고, 해님 아줌마도 바쁘고 개미들도 바쁘고…. 다른 친구들한테 가 볼까?

음악/ 베짱이 퇴장.
효과/ 천둥번개 소리.

개미들 먹이 하나씩 물고 등장.

개미1 : 영차!
개미2 : 영차!
개미3 : 영~차!
개미4 : 영…차! 아구구 힘들어.
개미1 : 어서 어서 집으로 가자. 천둥번개가 몰려올 것 같아.
개미2 : 그래, 어서 가자. 천둥번개까지 치는 거 보니까 비가 오겠어.
개미3 : 먹이가 비에 젖기 전에 빨리 가자.
개미4 : 형아야, 나 땀나고 무거워.
개미1 : 힘들어도 힘을 내야지.
개미2 : 그래 막내 파이팅!
개미3 : 우리 막내 파이팅!
개미4 : 알았어. 힘낼게.
개미1 : 자~! 먹이를 물고!
개미2 : 먹이를 물고!
개미3 : 먹이를 물고!
개미4 : 먹이를 물고!
개미1 : 힘차게~ 힘차게!
개미2 : 힘차게~ 힘차게!
개미3 : 힘차게~ 힘차게!

개미4 : 힘차게~ 힘차게!

개미1 : 다리에 힘을 주고 영차!

개미2 : 다리에 힘을 주고 영차!

개미3 : 다리에 힘을 주고 영차!

개미4 : 다리에 힘을 주고 영차!

개미1 : 영차!

개미2, 3, 4 : 영차!

개미1 : 앞으로~ 앞으로 영차!

개미2 : 앞으로~ 앞으로 영차!

개미3 : 앞으로~ 앞으로 영차!

개미4 : 앞으로~ 앞으로 영차!

개미1 : 먹이를 물고 힘차게 영차!

개미2, 3, 4 : 먹이를 물고 힘차게 영차!

개미1 : 앞으로~ 앞으로 영차!

개미2, 3, 4 : 앞으로~ 앞으로 영차!

효과/ 천둥번개 소리/ 비 내린다.

개미1 : 얘들아 빨리 빨리 나무 밑으로 가자.

개미2, 3, 4 : 알았어.

개미1 : 빨리 서둘러! 먹이가 비에 젖겠어 힘을 내

개미2, 3, 4 : 영차! 영차! 영~차!

개미들 나무 밑으로 모인다.
조명 out

3장

음악
조명 in/ 베짱이 등장.

베짱이 : 울라울라~울라울라! 역시 노래는 재밌어. 그런데 오늘은 이상하네. 구름 아저씨도 안 보이고, 해님 아줌마도 안 보이고, 개미들도 안 보이고… 노래나 불러야지! 곰 세 마리가 한 집에 있어. 아빠 곰, 엄마 곰, 애기 곰! 얘들아~! 우리 같이 하자~!

음악/ 개미들 먹이 물고 차례로 줄지어서 등장.

개미1 : 영차! 먹이를 물고 영차~!
개미2 : 영차! 먹이를 물고 영차~!
개미3 : 영차! 먹이를 물고 영차~!
개미4 : 영차! 먹이를 물고 영차~!
개미1 : 다리에 힘을 주고 영차!
개미2 : 다리에 힘을 주고 영차!
개미3 : 다리에 힘을 주고 영차!
개미4 : 다리에 힘을 주고 영차!

음악/ 동요

개미1 : 베짱이 안녕?
베짱이 : 개미친구들 안녕?
개미2 : 베짱이 너는 겨울이 오면 어쩌려고 놀기만 하니?
베짱이 : 노래 부르는 게 얼마나 행복한 건데.
개미3 : 그렇게 놀지 말고 겨울 양식을 준비해야지.
베짱이 : 천천히 해도 된다구.

개미4 : 떵가! 떵가! 놀기만 해.

베짱이 : 아직 겨울이 오려면 한~참도 더 있어야 한당구리~! 그런데 뭘 벌써부터 준비하고 그래~?

개미 : 겨울 양식은 미리미리 준비하는 거야.

베짱이 : 놀 때 놀고! 천천히 해도 된다니까.

개미2 : 베짱이 정말 걱정된다.

베짱이 : 걱정? 걱정하지 마! 내일은 내일의 해가 뜬 당구리?

개미3 : 그래도 맨날 노래만 부르니까 걱정돼서 그래.

베짱이 : 그거야… 준비 그거는 나중에 할 거래도.

개미4 : 조금씩~ 조금씩 모아야지 한꺼번에 하면 힘들 텐데.

음아/ 구름 등장.

구름 : 베짱이 안녕? 부지런한 개미친구들도 안녕~?

개미1 : 구름 아저씨 안녕하세요?

개미2, 3, 4 : 구름 아저씨 안녕하세요~?

구름 : 허! 허! 우리 막내가 많이 자랐구나.

개미4 : 히히히~? 네…. 근데요, 구름 아저씨! 구름 아저씨! 베짱이는요, 맨날 맨날 노래만 부르고요, 맨날 맨날 놀아요.

구름 : 글쎄다. 왜 그럴까?

개미4 : 응… 그거는요, 나도 몰라요.

구름 : 베짱이, 너도 놀지만 말고 겨울 동안 먹을 양식을 준비하거라.

베짱이 : 아~참! 구름 아저씨도. 겨울이 오려면 한~참도 더 남았대도요.

구름 : 그녀석두 참! 개미친구들을 좀 봐라. 얼마나 열심히 겨울 준비를 하는지. 뭐든지 미리미리 준비해 두면 좋은 거야.

베짱이 : 에~이! 구름 아저씨는 뭘 몰라도 한~참 모르신다니까요.

구름 : 한~참도 모른다고?

베짱이 : 네~에! 더울 때는 졸고요~, 날씨가 시원하면 노래 부르고요. 그게 얼~마나 좋은데요.

구름 : 아, 그거야 그렇지만… 일을 할 때는 해야지 놀기만 하면 안 돼요.

베짱이 : 그래도 지금은 일할 때가 아니에요.

구름 : 더우면 졸고 시원하면 노래 부르고, 그럼 겨울인데… 일은 언제 하냐?

베짱이 : 그거야… 놀다가 노래 부르다가 시간이 남으면, 남는 시간에 하면 되죠 뭐?

구름 : 남는 시간에?

베짱이 : 그럼~요.

구름 : 이제 곧 날씨가 추워질 텐데 베짱이가 걱정이구나. 해님 아줌마랑 만날 시간이 다 됐네. 얘들아 안녕~.

베짱이, 개미들 : 구름 아저씨 안녕히 가세요.

음악/ 구름 퇴장.

개미1 : 베짱아, 구름 아저씨 말대로 곧 추워질 거야. 겨울 준비를 서두르도록 해!

개미2 : 곧 추워진다잖아.

개미3 : 그래 추워지기 전에 겨울 준비를 해.

개미4 : 베짱아, 너도 우리랑 같이 일할래?

베짱이 : 꼬맹아! 너나 잘 하세요.

개미4 : 치! 같이 일하면 안 힘든데.

베짱이 : 너희들이나 열심히 일해. 난 노는 게 더 좋아.

개미 : 그래… 그럼 우린 일하러 간다. 안녕~.

개미1 : 개미 먹이 작전 시작! 먹이를 물고!

개미2 : 먹이를 물고!

개미3 : 먹이를 물고!

개미4 : 먹이를 물고!

개미1 : 힘차게~힘차게 영차!

개미2 : 힘차게~힘차게 영차!

개미3 : 힘차게~힘차게 영차!

개미4 : 힘차게~힘차게 영차!

효과/ 땅 파는 소리.
개미들 줄지어 퇴장.

베짱이 : 일밖에 모르는 일벌레들.

효과/ 바람 소리.

베짱이 : 으~! 추워라! 바람이 왜 이렇게 불지?

효과/ 바람 소리.

베짱이 : 으~! 추워라! 정말로 추워지나 보다.

음악/ 해님 등장.

해님 : 베짱이 안녕?
베짱이 : 해님 아줌마 안녕하세요? 그런데 해님 아줌마 추워요.
해님 : 이제 곧 겨울이 올 거야. 바람이 많이 불지~?
베짱이 : 으~ 추워라.
해님 : 우리 베짱이는 겨울 동안 먹을 양식 많이 준비했니?
베짱이 : 이제부터 하려고요.
해님 : 지금부터 준비…한다고?
베짱이 : 네….
해님 : 베짱아~! 열심히 준비하거라. 더 추워지기 전에. 안녕~.
베짱이 : 안녕히 가세요, 해님 아줌마!

음악/ 해님 퇴장.

베짱이 : 에에에엣취이~! 으~추워.

효과/ 바람 소리 길고 크게.

베짱이 : 에에에엣취이~! 으~춥고 배고프다. 어디 먹을 것 좀 없나~?

효과/ 바람 소리.

베짱이 : 으으으으~! 춥고 배고프고… 어디서 맛있는 냄새가 난다. 어디서 나는 거지? 고소한 냄새…. (베짱이 음식 냄새 따라서 퇴장.)

음악/ 개미들 바구니에 음식 담아서 등장.

개미1 : 맛있다. 막내야, 많이 먹고 튼튼하게 자라야 한다.
개미4 : 응~ 많이 먹고 있어.
개미2 : 막내야! 힘들어도 이렇게 따뜻한 집에서 먹으니까 좋지?
개미4 : 응! 무지무지 좋아.
개미3 : 그러니까 힘들어도 일할 때는 열심히 하는 거야. 알겠지?
개미4 : 응~ 다음부터는 힘들어도 꾹! 참고 땀나도 꾹! 참을거야.

음악/ 베짱이 누더기 옷 입고 등장.

4장

베짱이 : (무대 안/ 효과/ 문 두드리는 소리) 저… 여보세요? 에에에엣취이~!
개미1 : 밖에 누가 왔나 봐.
베짱이 : (무대 안) 에~에~에에엣취이~! 저… 춥고 배가 고파서 그러는데요.
개미4 : 어~! 베짱이 목소리 같은데?
개미1 : 누구세요~? (문 열리는 소리) 들어오세요.
베짱이 : (들어온다) 개미친구들, 안녕~? 에~에~에~에 엣취이~!
개미4 : 베짱이다.

개미1 : 감기 걸렸구나.

베짱이 : 에~에~에~엣 취이!

개미2 : 어서 들어와.

베짱이 : 고마워.

개미3 : 고맙기는 뭘~!

개미4 : 베짱아, 우리 집에는 먹을 거 무지 많다. 좀 줄까?

베짱이 : 꼬맹아, 고마워.

개미4 : 에이~! 또 꼬맹이라고 한다!

개미1 : 베짱아, 어서 많이 먹어.

개미들 음식을 베짱이에게 나누어 준다.

베짱이 : (울먹이면서) 개미친구들아 정말~ 정말 고마워. 나도 내년에는 너희들이랑 같이 겨울 양식을 준비할게. 열심히 일할게. 정말 고마워.

개미1 : 고맙기는 뭘~! 우린 다같이 친구잖아.

개미2, 3, 4 : 우린 다같이 친구잖아.

음악
조명 out

5. 과학동화 대본(창작극)

똥아~ 똥아! 빨리 나와라

작/ 연출/ 문 빈

- 등장인물 : 꼬동, 꿀꿀이, 대롱, 엄마, 토돌, 토순

1장

음악/ 동요
조명 in/ 꿀꿀이, 토끼 등장해서 무대 한 바퀴 돌고 퇴장.
음악/ 대롱이 등장.

대롱 : 얘들아~ 있지~? 대롱이 배 아파! 밥도 맛이 없고 재미있는 일도 하~~나도 없고! 얘들아~ 뭐 신나고 재미있는 일 없을까? 뭐, 뭐라~고? 재미있는 일이 없다~고? 뭐? 재미있는 일이 있다~고? 아고! 아고고고고 배야 (효과/ 방귀소리 짧게 반복하다 길게 한 번) 아구구구! 창피해라(효과 다시) 히이~? 방귀가 자꾸 나오네. 얘들아~! 냄새 나지? 치! 거짓말! 내 방귀는 냄새 한~개도 안 나는데… (효과 다시) 아고, 아고고고 배야! 아무래도 안 되겠다! 얘들아~ 있지, 나 대롱이 똥이~ 똥이 나오려고 자꾸만 자꾸만 뽕~? 뽕! 뽕! 신호가 온다. 나 있지, 대롱이 똥! 누고 빨랑 올 테니까 가지 말고 잠깐만 기다려~? 야! 너는 가려고 그러지? 가기만 해봐라. 치! 치사 뽕!

대롱이 퇴장.
조명 out
음악
조명 in/ 대롱이 등장.

대롱 : (배를 움켜쥐고) 아고고고~! 배야! (효과/ 방귀소리 길고 크게 한 번 뀌면서 무대 한 바퀴 돌면서) 으~ 대롱이 똥 누고 싶다 아고~!

(효과/ 뿡 한 번) 아고고~ (효과/ 뿡 두 번) 아고고~ 배 아프다~! (효과/ 뿡 세 번. 뿡 소리와 함께 폴짝폴짝 뛴다) 얘들아~! 대롱이 똥 누게 좀 도와줘~! 나 따라 해 봐~? 하나 둘 셋 뿡~! 시작! 하나 둘 셋 뿡~? 에이 그렇게 소리를 작게 하면 똥이 나오다가 쏘옥~! 들어가 버린단 말이야. 다시 크게 하는 거다 시작! 하나 둘 셋 뿡~! 히이~?

음악/ 꿀꿀이 등장.

대롱 : (배에 힘주면서 천천히) 꿀…꿀…아! 안…녕!
꿀꿀이 : 나도 안녕? 그런데 너 이상하다?

꿀꿀이 대롱이의 주위를 빙빙 돌면서 살핀다.

대롱 : 뭐…가?
꿀꿀이 : 맨날 맨날 우리 집에 와서 내 동생 엉덩이 발로 차고 돼지라고 놀리고 약 올리기를 취미로 하면서 오늘은 왜 안 오는 거니?
대롱 : 그…그…건… 문제가 발생했거든. 대롱이 취미생활을 바꿔야 할 것 같아서.
꿀꿀이 : 문제 발생? 문제가 발생했으면 119에 신고부터 해야지.
대롱 : 그…런 게 아니란 말이야. 이 밥통아!

효과/ 방귀 소리가 대롱이 주위를 맴돈다.

꿀꿀이 : 어라? 이건 또 무슨 신호탄이야~?
대롱 : 신호탄은 무슨 신호탄! 아무 소리도 안 났는데….
꿀꿀이 : 어~! 분명히 신호탄이 울렸는데….
대롱 : 아무것도 아니라니까, 이 밥통아!
꿀꿀이 : 밥통? 너 자구만 밥통! 밥통! 밥통! 할래?
대롱 : 밥통을 밥통이라고 하지 그러면 뭐라고 그러냐? 맨~날 먹고~ 자고, 또 먹고~ 또 자고! 드르렁~? 드르렁! 잠만 자고.

꿀꿀이 : 그래도 그렇지! 밥통!이라니!

대롱 : 내가 뭘~! 틀린 말 한 것도 아닌데 뭐. 얘들아~! 먹고? 자고! 또? 먹고~ 또 자고 ~ 그러면 밥통 맞지~?

꿀꿀이 : 치! 대롱이 치사 빤~스~! 나 갈래.

대롱 : 가라? 삐질이, 말미잘, 멍게, 해삼, 또 뭐가 있더라…?

음악/ 꿀꿀이 삐져서 퇴장.

대롱 : 앗~쭈그리그리그리~! 꿀꿀이가 없네~?(효과/ 뿡 길게) 으~! 드디어 신호가 확~실하게 온다. 얘~들아~! 히이~? 나 대롱이 이번에는 진짜로 똥이 나올 것 같아. 똥 누고 올 때까지 기다려~! (퇴장했다가 다시 무대로) 야~! 너희들 가면 안 된다? 가지 마! 알았지? 빨랑 올게. (퇴장)

2장

조명 out
음악

산토끼 1절/ 토돌이, 토순이 등장.

토돌 : 얘들아 안녕? 난 토돌이라고 해. 만나서 반가워.

토순 : 얘들아 안녕? 난 토순이야. 만나서 반가워~?

토돌 : 그런데 이상하다.

토순 : 뭐가? 뭐가 이상하다고 그래?

토돌 : 대롱이가 어딜 갔지~?

토순 : 그러게~? 어딜 갔지~?

토돌 : 얘들아~! 너희들은 대롱이가 어디 갔는지 아니? 뭐? 어디 갔다고? 어~! 그랬구나. 토순아, 대롱이 똥! 누러 갔대. 우리 대롱이 똥누는 거 구경하러 가자.

토순 : 뭐? 똥누는 거 구경하러 가자고?

토돌 : 응!

토순 : 난 싫어!

토돌 : 왜!

토순 : 창피하게….

토돌 : 똥 누는 게 뭐가 창피하니?

토순 : 몰라! 그리고 똥누는 거 구경하는 사람이 어디 있냐?

토돌 : 야! 우리는 사람이 아니야. 토끼라고 토끼!

토순 : 그러고 보니까 그러네~? 그래도 똥누는 거는 구경하러 안 갈거야.

토돌 : 그러면… 꿀꿀이한테 놀러 갈래?

토순 : 응!

토끼1, 2 퇴장.
음악/ 대롱이 등장.

대롱 : 으아~아아아앙! 얘들아~ 얘~들아! 대롱이, 대롱이 좀 도와줘! 똥이 똥이 안 나와. 으아~아~아아아아앙! 나는 지금 똥 누고 싶어. 앙~~~~!

대롱이 울면서 퇴장.

3장

조명 out
음악
조명 in/ 꼬동이 등장.

꼬동 : (고개를 숙이고 땅만 쳐다보면서) 이상해~ 이상해~! 이상하단 말이야. 대롱이 형아는 어딜 갔지? 또 꼬꼬 알 품으러 갔나? 친구들~ 친구들아~! 너희들은 대롱이 형아 어디 갔는지 아니? 뭐? 어디 갔다고? 알았어! 꼬꼬 알 품으러 갔다고~? 뭐? 뭐~라고! 어~어! 알았어.

꼬동이 퇴장.

음악/ 꿀꿀이 등장.

꿀꿀 : 뭐? 밥통!이라고? 치! 대롱이 치사 뿡! 대롱이 치사 짱~구!

음악/ 산토끼 1절. 토돌이, 토순이 등장.

토돌, 토순 : 치사 짱~구?
꿀꿀 : 그~래! 대롱이는 치사 뿡!에다가 치사 짱~구!야.
토순 : 대롱이가 왜 치사 짱구야?
꿀꿀 : 나한테 맨날! 맨날! 밥통이라고 하니까 그렇지!
토돌 : 그거는 장난치는 거야.
토순 : 그래~ 장난하는 걸 거야.
꿀꿀 : 그래도 그렇지! 밥~통이 뭐냐? 밥~통이!
토순 : 큰일이다. 친구끼리는 다투지 않고 사이좋게 지내는 거라고 어른들이 말씀하시던데…. 얘들아~! 친구끼리 다투고 놀리고 삐지고 그러면 되게~, 안 되게? 꿀꿀아! 친구들이 그러는데 친구끼리는 다투고 삐지고 그러는 거 아니래.
꿀꿀 : 그래도 대롱이는 치사! 뿡~이야! 치사 짱~구라고!
토순 : 으응~? 정말 큰일이다.
토돌 : 그러게~ 꿀꿀아, 꿀꿀이 네가 먼저 사과해.
꿀꿀 : 싫~~어! 내가 먼저 안 놀리고 안 삐지고 그랬는데 내가 왜 먼저 사과해야 하는데?
토순 : 그거는 친구니까 그렇게 하는 거야.
토돌 : 그래 친구니까 그렇게 하는 거야.
꿀꿀 : 치~! 나 갈래!

음악/ 꿀꿀이 퇴장.

토돌 : 꿀꿀이가 정말 삐졌나 보다.
토순 : 좋은 방법이 없을까?

토돌 : 잠깐만? 친구들한테 한번 물어보자. 친구들~, 친구들~! 에이 소리가 너무 작다 친구들~! 친구들은 꿀꿀이가 대롱이한테 왜 치사~뽕! 치사 짱~구! 그러는지 아니? 어~어 그랬구나.

토순 : 얘들아~! 그러면 우리가 대롱이랑 꿀꿀이랑 화해시켜 줄까? 그러면 친구들도 같이 도와줄거지~? 히이~? 고마워.

토돌 : 친구들~! 그러면 우리가 대롱이랑 꿀꿀이랑 찾아서 데리고 올게.

토끼들 퇴장.

4장

조명 out
음악
조명 in/ 꼬동 등장

꼬동 : 도대체 대롱이 형아가 어디 갔지? 놀이터에도 없고 오락실에도 없고 꼬동이 오늘은 심심하다….

음악/ 엄마 등장.

꼬동 : 안녕하세요, 대롱이 형 아줌마?

엄마 : 오~ 그래! 꼬동이 왔니?

꼬동 : 네….

엄마 : 꼬동아 어디 아프니?

꼬동 : 아니요.

엄마 : 아니야! 어디 아픈 것 같다.

꼬동 : 아니에요, 대롱이 형아 아줌마.

엄마 : 말해 보렴~?

꼬동 : 오늘은 대롱이 형아가 안 보여서 꼬동이 심심해요.

엄마 : 아~ 그랬니?

꼬동 : 네…. 대롱이 형아 아줌마?

엄마 : 응?

꼬동 : 근데요~ 대롱이 형아 어디 갔어요?

엄마 : 글쎄… 요즘은 꿀꿀이 밥도 안 주고 토끼 밥도 안 주는 것 같고, 아이스크림 사줄까? 해도 안 먹는다고 하고… 꼬동이 너는 대롱이가 왜 그러는지 아니?

꼬동 : 글쎄요… 저도 그것이 알고 싶어요.

엄마 : 머리에 열도 없고 어디 아픈 것 같지는 않은데….

꼬동 : 대롱이 형아가 오늘은 꼬동이랑 안 놀아 줘요. 그 이유가 뭔지 꼬동이는 알고 싶어요.

엄마 : 그래…? 어머나, 시간이 벌써 이렇게 되었네. 꼬동아!

꼬동 : 네….

엄마 : 아줌마~ 시장에 가야 되겠다. 어쩌지? 심심하면 아줌마랑 시장에 같이 갈까?

꼬동 : 아니요~ 오늘은 그냥 있을래요.

엄마 : 그럼… 또 놀러오너라. 우리 꼬동이 안녕~!

꼬동 : 네~ 대롱이 형아 아줌마. 맛있는 거 많이 사오세요.

음악/ 엄마 퇴장.

꼬동 : 혹…시? 또… 사랑이 누나 아이스께끼 한 거 아니야? 그래서 사랑이 누나가 안 놀아 주니까 삐져서… 헤공 나도 모르겠다.

꼬동이 노래 부르면서 퇴장.

음악/ 꿀꿀이 등장.

꿀꿀 : 치사 뽕~! 치사 짱~구! 아이고 배야! 내가 밥을 너무 많이 먹었나보다. (효과/ 꿀꿀꿀 하면서 뽕 3번 반복 똥이 올라온다.) 크크크~! 역시 똥을 누면 시원~하단 말이야. 에공! 또 배고프다.

음악
대롱 등장.

대롱 : 야! 밥통!

꿀꿀 : 뭐? 밥~~통~! 치사 짱~~구야!

대롱 : 뭐? 치사~ 짱구?

꿀꿀 : 그~~래! 치사 짱~구!

대롱 : 이게 정말! 내가 치사 짱~구란 말을 얼마나 듣기 싫어하는데 뭐~어! 치사 짱~구~?

꿀꿀 : 그래 너는 치사 짱~~구야!

대롱 : 씨이익! 이 밥~통! 통! 통! 통아!

꿀꿀 : 치사 짱~구!

대롱 : 밥~통! 통! 통! 통! 아

꿀꿀 : (효과/ 뽕 짧게 3번 반복) 또, 똥이 나오려고 한다. (효과/ 뽕 길게. 똥 올라온다.) 크크크! 시원하다.

대롱 : 으~ 더러워. 똥은 화장실에 가서 눠야지! 으이그 밥~통!

꿀꿀 : 대롱이 너 자꾸만 밥통! 밥통 할래?

대롱 : 그래 이 밥통아. 먹고 싸고 또 먹고 또 싸고! 그러니까 너는 밥통! 통! 통! 통이야.

꿀꿀 : 씨이~익! 너랑 안 놀아!

음악/ 꿀꿀이 퇴장.

대롱 : 그래도 꿀꿀이는 좋겠다 똥도 누고…. 앙~~! 대롱이도 똥누고 싶어. 으~아아아아~~앙! 아니지? 나도 꿀꿀이처럼 먹고 또~ 먹고! 먹고! 그러면? 그러면 꿀꿀이처럼 똥이 나올지도 모르겠다. 얘들아~ 얘들아! 밥 많~이 먹으면 꿀꿀이 같이 똥이 잘 나오지~? 히히히 그러면~? 히~? 대롱이 밥 먹고 올게. (대롱이 퇴장.)

음악
동요 산토끼 1절/ 토끼들 등장.

토돌 : 토끼풀은 언제 먹어도 맛있어.

토순 : 웅~ 먹어도 먹어도 맛있어. 아구구 배 아프다.

토돌 : 토순이 너 똥 마려워서 그러지?

토순 : 그거 어떻게 알았어?

토돌 : 나도 똥 마려운데.

토끼들 엉덩이를 뒤로 하고 앉는다. 효과/ 뽕! 소리 짧게/ 토끼 똥 올라온다.

토순 : 히이~? 창피하다.

토돌 : 창피하기는… 다 그러는 거야.

토순 : 그래두~ 똥 누면 창피한 거야.

토돌 : 으~ 공주병!

토순 : 아니다, 뭐!

토돌 : 사람들은 다~ 똥을 누고 사는데 뭐가 창피하니? 얘들아~! 내 말이 맞지~? 너희들도 똥누지~? 봐~ 똥 눈다잖아.

토순 : 못 살어 진짜!

토돌 : 그런데 대롱이는 도대체 어딜 간 거지?

토순 : 우리 놀이터에 가자.

토돌 : 그럴까?

토끼들 퇴장.

5장

조명 out
음악
조명 in/ 대롱이 등장.

대롱 : 끄으~읔! 배가 무지 부르네. 이제 밥을 많이 먹었으니까 히히히~? 똥이 나오겠지? (효과/ 뿡! 길게) 신호가 온다, 신호가 와! (대롱이 앉아서 힘준다.) 끄으~응!

음악/ 엄마 등장.

엄마 : 아들~! 뭐하니?
대롱 : 엄마~! 나중에요. 지금은 아주 중요한 순간이란 말이에요.
엄마 : 뭐? 중요한 순간?
대롱 : 네~에!
엄마 : 너 또 꼬꼬 알 품고 있니?
대롱 : 엄마~! 그게 아니란 말이에요. 중요한 순간이라니까요.
엄마 : 오늘 밥을 너무 많이 먹더니 배탈 났니?
대롱 : 차라리 그랬으면 좋겠어요. 휴우~ 또 실패다.
엄마 : 실패? 뭘 실패했는데?
대롱 : 똥이요. 똥이 안 나와요.
엄마 : 그럼 엄마랑 동네 한 바퀴 돌까?
대롱 : 싫어요.
엄마 : 그럼 줄넘기 할래?
대롱 : 그것도 싫어요.
엄마 : 여러분~! 여~러~분~? 밥을 먹고 나면 적당히 운동을 해야 하죠~? 들었니? 밥을 먹고 가만히 앉아만 있으면 똥이 안 나오는 거야. 운동을 해야지. 어서 가자.

대롱 : 안 돼요. (효과 / 뿌지직) 신호가 자꾸 온단 말이에요.

엄마 : 신호? 무슨 신호?

대롱 : 뿌지직!이요.

엄마 : 뿌지직?

대롱 : 네~에! 그래서 똥이 어디만큼 왔는지 느끼는 중이라고요.

엄마 : 뭐? 똥이 어디만큼 왔나 느끼는 중이라고?

대롱 : 말하자면 그렇다 그 말이죠. 꿀꿀이도 밥 먹고! 또 먹고 또~ 먹고! 하니까 똥을 잘 싸더라고요.

엄마 : 그래? 그럼 똥이 어디쯤 오고 있는지 엄마가 가르쳐 줄까?

대롱 : 정말요?

엄마 : (대롱이 배 만지면서) 어디 보자. 우리 아들이 먹은 시금치가 어디까지 왔을까?

대롱 : 어디까지 왔대요?

엄마 : 음… 길다란 식도를 지나갔다네.

대롱 : 길다란 식도? 우하하하! 그러면 뱃속이 기찻길이네? 또요.

엄마 : 음… 둥그런 위까지 왔구나.

대롱 : 빨리요. 어디까지 오고 있는지 궁금하단 말이에요.

엄마 : 어디 보자~. 음식물이 위에 도착하니까 위액이 나와서 소화가 잘 되도록 부드럽게 도와주고 있는 걸?

대롱 : 위액이라는 친구는 무지 착한가 보다.

엄마 : 소화가 되는 소리가 들리는데?

효과/ 소화 되는 소리.

엄마 : 소화가 되어서 고불꼬불한 장을 지나가면서 물하고 영양분은 몸에 흡수가 되고, 찌꺼기는 굳어서 쌓이고 있어. (효과/ 음식물 내려가서 쌓이는 소리)

대롱 : 으~ 찌꺼기가 쌓인다고요?

엄마 : 그~럼! (대롱이 배에 귀를 갖다 댄다.) 똥아~똥아 빨리 나와라.

대롱 : 엄마! 똥이 어디까지 왔대요?

엄마 : 글쎄… (대롱이 배를 살살 만져 준다.) 똥아 빨리 나오너라.

대롱 : 어? 어… 어어 신호가, 신호가 온다!

엄마 : 신호? 무슨 신호?

대롱 : 꾸르륵! 꾸르륵! 뿌지직!이요.

효과/ 뿌지직 소리.

엄마 : 정말이네. 똥아~ 똥아 어디까지 왔니~? 빨리 나와라.

효과/ 뽕~ 길게 짧게 반복.

대롱 : 엄마 이제 거의 다 와 가는 것 같아요.

엄마 : 그럼 똥! 누고 와.

대롱 : (뽕 소리) 으~ 화장실, 화장실~!

음악/ 대롱이 퇴장.

엄마 : 대롱아~! 똥이 어디까지 왔니?

대롱 : (무대 안) 끄으응! 다… 왔어요.

효과/ 물 내리는 소리.
음악/ 대롱 등장.

대롱 : 휴우~ 시원하다. 살 것 같다.

엄마 : 성공했네!

대롱 : 네. 히히히~? 똥 누고 나니까 무지 좋아요!

엄마 : 그러니까 오락만 하지 말고 운동도 하고 그래.

대롱 : 히~? 네, 엄마.

엄마 : 꿀꿀이랑 토끼 밥 주러 안 가니?

대롱 : 치! 밥통!

엄마 : 그게 무슨 소리니?

대롱 : 아… 아무것도 아니에요.

엄마 : 너무 많이 주지 말고 적당히 주거라.

대롱 : 네~! 엄마.

음악/ 엄마 퇴장.

6장

꿀꿀이 등장.

대롱 : 야! 밥? 통~ 통! 통! 통!

꿀꿀 : 치사 짱~구!

대롱 : 밥~통!

꿀꿀 : 치사 짱~~~구!! 너랑 다시는 안 놀아.

대롱 : 나랑 안 놀면? 누구랑 놀 건데?

음악/ 토끼들 등장.

토돌 : 대롱아, 오늘 도대체 어디 갔었어?

토순 : 우리가 얼마나 찾았다고?

대롱 : 그랬어?

토순 : 응!

꿀꿀 : 치사 짱구를 뭐 하러 찾아!

음악/ 꼬동 등장.

꼬동 : 어라? 다 모였네. 대롱 형아, 꼬꼬가 알을 낳았어. 우리 꼬꼬 알 품으러 가자.

대롱 : 그럴까?

꿀꿀 : 꼬꼬 알은 왜 품는 건데?

대롱 : 에디슨처럼 발명을 한번 해보려고.

토순 : 발명?

토돌 : 무슨 발명?

꿀꿀 : 치! 치사 짱~구!

대롱 : 야! 밥통! 통! 통!

토순 : 자꾸만 왜 그래?

꼬동 : 둘이 무지 사랑하는 사이인가보다. 그치, 토순아?

토순 : 응? 응… 맞아. 그럼 사랑하면 다투는 거야?

꼬동 : 사랑하면 관심이 있어서 서로 관심 끌려고 그러는 거래.

토순 : 아~ 그런 거구나. 난 그것도 모르고. 꿀꿀아 너 대롱이 사랑해?

꿀꿀 : 그… 그럼.

꼬동 : 그것 봐! 대롱이 너도 꿀꿀이 사랑하는 거 맞지?

대롱 : (꿀꿀이 쳐다보면서) 치!

꿀꿀 : (대롱이 쳐다보면서) 치~!

토돌 : 꼬동아! 나도 꼬꼬 알 품으면 안 되니?

꼬동 : 꼬꼬 알?

토돌 : 응! 잠깐만… 대롱이 형아. 토돌이가 꼬꼬 알 품고 싶다는데?

대롱 : 그럼 우리 모두 꼬꼬 알 품어 볼까? 그러면 알이 무~지 많아질 거 아니야?

꼬동 : 그럼 열 개 더 넘겠다. 그치?

대롱 : 그~~럼! 아~ 차례차례로 앉아 봐.

모두들 앉아서 꼬꼬 알 품는다.
음악
조명 out

6. 환경동화 대본(창작극)

아껴 쓰고 절약해요

작/연출/ 문 빈

● 등장인물 : 할머니, 대롱, 해님, 바람, 구름, 들쥐 부부, 딸, 사위, 뽀꾸

1장

무대 음악 조명 in

아담한 거실을 배경으로 대롱이 색종이 접고 있다.

대롱 : 색종이를 접자~! 색종이를 접자~! 색종이를 접어서 배행기도 날려 보고 자동차도 만들어서 붕~!붕붕! 예쁜 꽃도 접고? 응… 개구리도 접고, 삐약이도 접고 또… 강아지도 접고, 배도 접어야지. 색종이를 접자! 색종이를 접자! 에이~! 색종이가 모자라겠다. 할머니, 할~머니!

음악/ 할머니 등장.

할머니 : 할미 귀청 떨어지겠어요. 왜~ 또 뭐가 그리 급해?

대롱 : 할머니! 나 오백 원만!

할머니 : 오백 원?

대롱 : 네.

할머니 : 오백 원은 무엇에 쓰려고~?

대롱 : 색종이를 접자! 색종이를 접자! 비행기도 접고, 꽃도 접고, 개구리도 접고. 근데… 색종이가 없어졌어요.

할머니 : 색종이가 없어졌다고?

대롱 : 네! 없어졌어요.

할머니 : 색종이가 왜 없어졌는지 곰곰이 잘~ 생각을 해 보세요.

대롱 : 분명히 많이 있었는데…. 그게 비행기가 되어서 하늘로 날아가 버렸나 봐요. 아니면 자동차가 되어서 붕~붕붕! 개구리가 되어서 폴짝폴짝 뛰어 갔든지요.

할머니 : (대롱이 꿀밤 주면서) 에이~ 이 녀석이 아껴 쓸 줄을 몰라.

대롱 : 할머니~! 엄마랑 똑같애. 난 수박통이 아니란 말이에요.

할머니 : 뭐! 수박통?

대롱 : 네~! 수박통.

할머니 : 대롱아.

대롱 : 네?

할머니 : 색종이 안 사면 안 될까?

대롱 : 안 돼요~. 나는 지금 색종이를 접자! 색종이를 접자! 그거 할 거란 말이에요.

할머니 : 잠시만 기다려 보렴~?

할머니 구석에서 꼬깃꼬깃하게 구겨진 색종이 한 뭉치를 들고 온다.

할머니 : 이거 좀 보세요.

대롱 : 어… 어! 그건….

할머니 : 이게 누구 것이지?

대롱 : … 대롱이 거요.

할머니 : 욘석아! 조금만 구겨지면 버리고 자꾸 새것만 쓰면 색종이가 하늘만큼 땅만큼 있어도 모자랄 게야. 그리고 요것도 좀 보세요. (지우개 들어 보이며) 지우개를 연필로 쿡! 쿡! 찔러서 흠집을 내어 버리고 또 새 걸 쓰고 잉~! 큰일이야, 큰일.

대롱 : 그거야… 뭐 새것은 쓰면 기분이 좋아진다고요.

할머니 : 그래? 그러면 할머니도 새 걸로 바꾸면 기분이 좋아지겠구나?

대롱 : 할머니~!

할머니 : 대롱아~?

대롱 : 네… 할…머니.

할머니 : 이 할미가 이야기 하나 들려줄까?

대롱 : 이야기요? 히이~? 좋아요

할머니 : 옛날에 들쥐 부부가 살았어요. 그리고 들쥐 부부에게는 고민이 하나 생겼어요.

대롱 : 고민이요? 사실은 대롱이도 고민이 하나 있는데… 들쥐 부부의 고민이 뭔데요?

할머니 : 응~ 들쥐 부부에게 딸이 하나 있었는데 시집을 보내야 하는 일이 고민이었어. 용감하고 착하고 씩씩한 신랑감을 찾아서 결혼을 시키고 싶었거든.

대롱 : 대롱이도 착하고 씩씩하고 용감한데… 그래서요?

할머니 : 사윗감을 찾으러 다녔지. 제일 먼저 해님을 찾아갔어.

2장

조명 out
음악
조명 in/ 들쥐 부부 등장.

엄마 : 어디 가서 우리 딸 사윗감을 찾죠?

아빠 : 우선 해님한테 물어 봅시다.

엄마, 아빠 : 해님~ 해님!

음악/ 해님 등장.

해님 : 오~우! 들쥐 부부, 무슨 일로 날 부르셨나요?

엄마 : 해님, 부탁이 있어서요.

해님 : 나한테 부탁이 있다고요?

아빠 : 네~. 해님! 꼭 우리 부탁을 들어 주셔야 해요.

해님 : 부탁이 뭔데요?

엄마 : 우리 딸을 시집보내야겠는데….

아빠 : 씩씩하고 용감하고 착한 신랑감이 어디 있는지 가르쳐 주세요.

해님 : 글쎄요… 바람님한테 물어 보세요. 아마 바람님은 알고 계실 거예요.

음악/ 해님 퇴장.

아빠 : 바람님이라….

엄마 : 어서 바람님한테 갑시다.

조명 out
음악
효과/ 바림 소리.
조명 in

엄마, 아빠 : 바람님~ 바람님!

효과/ 바람 소리.바람 등장.

바람 : 날 불렀소?

엄마, 아빠 : 네~ 바람님!

바람 : 들쥐 부부가 무슨 일로 날 부르셨는지….

아빠 : 저… 부탁이 있어서요.

엄마 : 네~ 부탁이 있어요. 꼭! 들어주셔야 해요.

바람 : 허! 허! 허! 무슨 부탁인데요. 말씀을 해 보세요.

엄마 : 우리 딸 사윗감을 찾아 주세요.

아빠 : 씩씩하고 용감하고 착한 사윗감이 어디 있는지 바람님은 알고 계시죠?

바람 : 그… 글쎄요. 구름님한테 물어 보세요. 나는 잘 모르겠어요.

엄마, 아빠 : 구름님이요…? 고맙습니다.

바람 : 부디 씩씩하고 용감하고 착한 사윗감을 찾기 바랍니다.

엄마, 아빠 : 바람님~ 조심해서 가세요.

아빠 : 어서 구름님한테 가 봅시다.

엄마 : 네.

음악/ 바람 퇴장.

조명 out
음악
조명 in

엄마, 아빠 : 구름님~ 구름님~! 어디 계세요? 구름님~!

음악
효과/ 구름 등장.

구름 : 날 불렀소?

아빠 : 네, 구름님!

엄마 : 구름님, 우리 부탁을 꼭! 들어 주세요.

구름 : 부탁이요?

아빠 : 네!

구름 : 부탁이라… 부탁이 뭔지 어디 한번 들어 봅시다.

아빠 : 우리 딸 사윗감을 찾아 주세요.

엄마 : 씩씩하고 용감하고 착한 사윗감이 어디 있는지 가르쳐 주세요.

구름 : 씩씩하고 용감하고 착한 사윗감?

아빠 : 네….

엄마 : 어디 있을까요?

아빠 : 우리 부부는 딸이 행복하게 사는 걸 보는 게 소원입니다.

구름 : 그래요? … 그럼 저 아랫마을에 가 보세요.

아바 : 아랫마을에요?

구름 : 거기 가면 씩씩하고 용감하고 착하고 아주 검소한 청년이 있어요.

엄마, 아빠 : 구름님, 정말 고맙습니다.

구름 : 난 이만 바빠서 가 봐야겠어요.

효과/ 구름 퇴장.

엄마 : 여보~ 어서 가요!

아빠 : 그럽시다.

조명 out

3장

음악
조명 in/ 들쥐 딸 결혼식장. 들쥐 부부와 딸, 사윗감 등장.

아빠 : 우리 딸이 하늘에서 내려온 선녀 같소.

엄마 : 그래요, 정말 천사 같아요.

아빠 : 이보게 사위, 매일 아침 콩 네 알씩을 줄 테니 행복하게 사시게.

사위 : 예, 장인어른.

엄마 : 내 딸을 잘 부탁해요.

사위 : 걱정하지 마십시오. 이 세상에서 가장 행복한 아내가 될 것입니다.

아빠 : 고맙소.

사위 : 아닙니다. 이렇게 예쁜 딸을 제게 주셔서 오히려 제가 감사합니다.

딸 : 아빠! 엄마! (품에 안겨 훌쩍거린다.)

엄마 : 우리 공주 행복하게 잘 살아야 한다.

효과/ 코 푸는 소리 크게.

딸 : 살살게요.

아빠 : 남편을 하늘같이 모시고 살아야 한다.

딸 : 아빠 사랑해요.

아빠 : 아빠도 사랑해요~?

사위 : 그럼 장인어른, 장모님 편히 쉬십시오.

아빠 : 그럼세.

엄마 : 잘~ 가시게.

사위 : (들쥐 딸의 손을 잡고) 여보~ 어서 갑시다.

딸 : 엄마! 아빠! 건강하셔야 해요.

엄마 : 우리 걱정은 하지 말거라. 어여 가.

음악/ 사위 들쥐와 딸 퇴장.

아빠 : 당신 오늘 수고 많았소.

엄마 : 당신도 수고하셨어요. 우리 딸 잘 살겠죠?

아빠 : 잘 살아야지. 어서 들어갑시다.

조명 out

4장

음악
조명 in/ 딸과 사위 등장.

사위 : 여보!

딸 : 네~?

사위 : 우리….

딸 : 뭐요~?

사위 : 콩알을 아침엔 한 알씩 먹고 저녁엔 반쪽씩 먹읍시다.

딸 : 왜 반쪽씩 먹어요? 엄마가 매일 매일 콩 네 알씩 주시는데…. 그러지 말고 한 알씩 먹어요.

사위 : 안 돼요. 우리도 부자가 되어야 하잖소.

딸 : 부자? 부자… 우리가 부자가 될 수 있나요?

사위 : 아끼고 절약하면 부자가 될 수 있어요. 그러니까 저녁엔 콩을 반쪽씩만 먹고

하루에 한 알씩 모읍시다.

딸 : 그럼 우리도 부자가 되는 거죠?

사위 : 그~럼! 나만 믿어요.

조명 out
음악
조명 in/ 겨울옷으로 갈아입고 등장.

사위 : 우리가 결혼한 지도 벌써 백일이 지났소.

딸 : 벌써요?

사위 : 여보, 내가 당신에게 보여줄 선물이 있어요.

딸 : 보여줄 선물이요?

사위 : 잠시만 날 따라와 봐요.

딸 : 어디로 가는데요?

사위 : 우리의 보물이 있는 창고요.

딸 : 보물 창고요?

사위 : 내 손을 잡아요.

조명 out
효과/ 콩 튀는 소리.
무대/ 조명 밝기 조정.

딸 : (무대 안) 와~ 콩이 무지 많다! (효과/ 콩 만지는 소리) 우리 엄마, 아빠를 모셔서 같이 파티해요.

무대로 나온다/ 조명 밝기 조정.

사위 : 그건 안 돼요.

딸 : (무대로 나오면서) 왜요? 콩이 저렇게 많은데.

사위 : 여보~. 섭섭하게 들리겠지만 조금만, 조금만 참아 줘요.

딸 : 치! 당신은 욕심쟁이야. 콩이 저렇게 많은데….

사위 : 여보~! 조금만, 조금만 참아 줘요.

딸 : 당신은 욕심쟁이예요.

조명 out

음악/ 봄 분위기
조명 in
효과/ 땅 파는 소리. 들쥐 머리에 수건 두르고 삽을 등에 메고 등장.

사위 : 땅을 파고 콩을 심고… 잘 자라야 할 텐데…. 아내는 아직도 자고 있겠지? 어서 깨워서 아침 먹자고 해야지. 여보~ 여보~!

딸 : (무대 안) 네~ 나가요. (딸 등장) 아침 일찍부터 어디 다녀왔어요?

사위 : 봄이잖아요. 운동 좀 하고 왔어요.

딸 : 저도 데리고 가지 않고….

사위 : 당신은 일찍 못 일어나잖아요.

딸 : …….

사위 : 배고프죠~?

딸 : 쪼끔요.

사위 : 아침 먹고 낮잠 자고 있어요.

딸 : 또 어딜 가려고요?

사위 : 잠시 다녀올 데가 있어요.

딸 : 어디요? 저도 같이 가요.

사위 : 당신은 힘들어서 안 돼요. 집에서 쉬고 있어요.

딸 : 나도 데려가지….

사위 : 나중에~ 나중에~ 데리고 갈게요.

딸 : 네….

5장

조명/ 밝기 조정

들쥐와 딸 퇴장.

효과/ 풀 뽑히는 소리와 땅 고르는 소리.

사위 : 콩이 무럭무럭 잘 자라는구나. 콩이 주렁주렁 많이도 열렸는걸? 아내를 깜짝 놀라게 해 줘야지. (핸드폰 꺼내 든다./ 효과/ 전화벨 소리) 여보~! 지금 뭐 하고 있어요?

딸 : (무대 안) 당신 기다리고 있지요.

사위 : 그래요? 그러면 부모님 모시고 이곳으로 와 봐요.

딸 : (무대 안) 거기가 어딘데요?

사위 : 집 앞에서 똑바로 열 발자국을 걸은 다음, 왼쪽으로 한 바퀴 돌아요 그러면 돼요.

딸 : (무대 안) 집 앞에서 똑바로 열 발자국을 걸은 다음, 왼쪽으로 한 바퀴 돌아요?

사위 : 그래요. 빨리 와요.

딸 : (무대 안) 네~~!

음악/ 들쥐 부부와 딸 등장.

들쥐 부부, 딸 : 하나~ 둘~? 셋~! 넷, 다섯~~ 열~! 왼쪽으로 한 바퀴 돌면?

무대/ 콩밭/ 조명 밝게.

들쥐 부부, 딸 : 와~~ 콩밭이다! 무지무지 큰 콩들이 열렸네!

사위 : 장인어른, 장모님 오셨어요?

딸 : (춤추듯이 무대 위를 뛰어다닌다.) 와~ 여보! 당신이 이렇게 가꾼 거예요?

엄마 : 이게 다 자네가 가꾼 콩밭이란 말인가? 자네는 역시 훌륭해.

들쥐 : 그동안 혼자서 수고했구먼.

딸 : 저녁에 반쪽씩 먹고 모으더니 이렇게 콩을 심고 가꾸고 있는 줄도 모르고, 나는 탱탱구리 낮잠만 자고… 여보, 미안해요. 그리고 고마워요.

사위 : 뭘~요. 당연히 내가 할 일을 했을 뿐인데….

딸 : 우리도 부자가 됐어요, 부자가 됐다고요!

조명 out/ 들쥐들 모두 퇴장.
음악

조명 in/ 다시 거실.

6장

대롱 : 우~와! 들쥐는 대단하다.

할머니 : 이제 알겠니?

대롱 : 네….

할머니 : 너처럼 우유 마시고 과자 먹은 봉지도 분리수거 안 하고 마구 버리고, 아껴 쓰지도 않고 그러면 대롱이 네 방은 쓰레기 천국이 되고 말 거야.

대롱 : 히~? 청소 할게요. 우유팩이랑 과자봉지랑 분리수거도 하고요. 청소를 하자! 청소를 하자! 히~!

할머니 : 오늘 하루만?

대롱 : 아~니요? 맨날 맨날 할게요.

할머니 : 어디 두고 볼 거예요~! (할머니 나간다.)

대롱 : 할머니! 어디 가시게요?

할머니 : 잠깐 들를 데가 있어요.

대롱 : 네… 안녕히 다녀오세요. 나도 뽀꾸랑 동네 한 바퀴 해야지?

조명 out
음악
조명 in/ 대롱이 뽀꾸랑 등장.

효과/ 강아지 소리.

대롱 : 뽀꾸야! 너도 아무 데나 똥 싸고 그러지 마!

뽀꾸 : 알았어.

대롱 : 뽀꾸야, 우리 동네 한 바퀴 뛸까?

뽀꾸 : 응~! 오늘은 내가 일등 해야지.

대롱 : 준비~이 땅!

뽀꾸 : (효과/ 낑낑 소리)

대롱 : (뛰어가다 뒤돌아보며) 뽀꾸야! 뭐해! 빨리 와. (뽀꾸에게로 간다) 오늘은 일등 한다면서….

효과/ 낑낑 소리.

대롱 : 에게게~? 뭐야! 여기다 똥을 싸면 어떻게 해! 잠깐만. (대롱이 빗자루를 들고 온다.) 청소를 하자! 청소를 하자! (효과/ 비질하는 소리/ 빗자루로 뽀꾸 똥을 쓸어낸다.) 아무 데나 똥을 싸면 환경오염이야, 환경오염!

뽀꾸 : 다시는 아무 데나 똥 안 쌀게.

대롱 : 자! 이제 뛰는 거다~? 준비~이 땅!

음악/ 대롱 무대 위를 왔다 갔다 뛰어다닌다. 무대에 큰 쓰레기 자루 놓여 있다.

대롱 : 어? 이게 뭐지?(자루 열어 본다./ 효과/ 부스럭거리는 소리) 아코! 코야!

뽀꾸 : 뭔데 그래?

대롱 : 아니 누가 이곳에 쓰레기를 함부로 버렸지? 뭐야, 이건 우유팩이네? (우유팩을 꺼내서 던진다.) 어라! 이건 옷이잖아? (옷을 꺼내 던진다.) 어? 이거는~ 이거는 자동차다! (자동차 꺼내들고) 와~ 멋진 자동차다~! 깨끗이 씻으면 되겠다. 뽀꾸야, 우리 이거 분리수거 하고 가자.

뽀꾸 : 그래.

음악/ 대롱이, 뽀꾸 열심히 분리수거 한다.

뽀꾸 : 깨끗해졌다.

대롱 : 그러니까 쓰레기를 함부로 아무 데나 버리면 안 되는 거야.

뽀꾸 : 환경오염이야! 환경오염!

대롱 : 히~이야! 뽀꾸 제법인데!

뽀꾸 : (효과/ 강아지 짖는다.)

대롱 : 뽀꾸야! 이 자동차는 우리가 가지고 가서 같이 놀자.

뽀꾸 : 그래, 나도 이거 가지고 갈래. (뒤쪽으로 가서 야구공 물고 온다.)

대롱 : 공이잖아?

뽀꾸 : 응! 나도 장난감이 하나 생겼지.

대롱 : 잘~했어. 어서 가자. 집까지 누가 빨리 가나 시합하는 거다!

뽀꾸 : 좋아.

대롱 : 준비~ 땅!

음악/ 대롱이는 자동차를 들고, 뽀꾸는 야구공을 물고 뛴다.

7장

조명 out
음악
조명 in/ 할머니 등장.

할머니 : (손에 박스 들고) 대롱이가 어딜 갔나? 어디보자. (박스 안에서 우유팩 꺼내서 편다/ 효과/ 종이 펴는 소리) 이 정도면 휴지랑 바꿀 수 있겠어. 녀석! 방 청소를 깨끗이 해 놓았네.

음악/ 대롱이 자동차 가지고 등장.

할머니 : 어딜 다녀오는 게냐? 아니! 또 자동차를 샀어?

대롱 : 산 거 아니에요.

할머니 : 또 꿀꿀이 똥 싸게 해준다고 데리고 나갔구나.

대롱 : 할머니는 뭘 몰라!

할머니 : 몰라? 뭘!

대롱 : 치! 산 거 아닌데….

할머니 : 정말로 산 게 아니란 말이지?

대롱 : 네~!

할머니 : 아이구~ 어디 보자. 새 건데 뭐, 샀구먼그려.

대롱 : 아니에요! 분리수거 하다 가지고 와서 물로 '싹싹! 싹싹싹! 쓱쓱!~쓱쓱쓱! 씻었더니 새 자동차로 변신이 된 거예요. 할머니는 대롱이도 이제 아껴 쓸 줄도 알고 환경오염 안 시키려고 분리수거도 한단 말이에요.

할머니 : 그 말 믿어도 될까요?

대롱 : 네~!

대롱이 음악과 함께 춤추면서 '믿어 주세요' 3번 반복.

대롱 : 그런데 할머니, 우유팩은 무엇에 쓰시려고요?

할머니 : 이거? 재활용이지. 우유팩으로 종이를 만들거든?

대롱 : 우유팩으로 종이를 만들어요?

할머니 : 그럼~. 우리나라는 종이를 수입해서 쓰고 있기 때문에 재활용을 해야 한단다. 그리고 이걸 모아서 가지고 가면 휴지로 바꿔 주기도 하는 걸?

대롱 : 그렇구나. 그러면 나도 공책 빈 칸 꼭! 꼭! 꼭꼭꼭! 채워야~지?

할머니 : 우리 대롱이가 갑자기 환경 박사님이 된 것 같아서 이 할미는 기분이 너무 좋아요!

대롱 : 히히~? 쓰레기는 죽는 게 아니라 단지 재활용 되는 것뿐이래요.

할머니 : 맞아요~! 일회용 컵도 쓰면 안 되는 거 알지?

대롱 : 네~! 그래서 이번에 소풍갈 때도 엄마한테 일회용 그릇에 김밥 싸지 말고 도시락 통에 담아 달라고 했어요.

할머니 : 그래~ 그래~! 잘했어요. 미래의 환경 박사님이 탄생했는걸~!

대롱 : (춤추면서) 분리수거 하자! 분리수거 하자! 종이는 종이끼리, 비닐은 비닐끼리, 깡통은 깡통끼리 분리수거 하자! 분리수거 하자!

할머니 : 그래~ 그~래! 그래야지. 그게 아름다운 자연을 보호하고, 맑고 깨끗한 환경을 지키는 거야.

음악/ 환경동요
조명 out

7. 생활 속의 동화 대본(창작극)

짝꿍

작/연출/ 문 빈

- 등장인물 : 엄마, 대롱, 선생님, 철민, 건웅, 채린, 시내, 로운, 똑딱이, 짹깍이, 삐꾸기

1장

음악/ 조명 in

대롱이 유치원에서 집으로 돌아온다. 엄마 대롱이 마중 나온다.

대롱 : 히히~엄마! 엄마 아들 이~대롱이 왔어요.

엄마 : 그~래! 내 아들 어서 오세요.

대롱 : 그런데 엄마… 나 있죠.

엄마 : 할 말 있으면 뭐~든지 말해 보렴. 이 엄마가 다 들어 줄게.

대롱 : 응… 그러니까… 아니예요.

엄마 : 야! 남자가 뭐 그러냐?

대롱 : 치! 엄마는 그럴 때도 있지 뭐! 나도 비밀이 있는 남자라고요.

엄마 : 그~래 알겠다! 어서 들어가자.

대롱 : 히~ 네, 엄마!

대롱이와 엄마 퇴장.
조명 out

음악/ 조명 in/ 대롱이 등장.

대롱 : 아이스크림은 언제 먹어도 맛있어! 뻐꾹아! 넌 아이스크림 안 먹고 싶어?

뻐꾸기 : (얼굴 내밀면서) 뻐꾹!

대롱 : 하루 종일 새장 안에 갇혀서 답답하지도 않아?

뻐꾸기 : 뻐꾹! 뻐꾹!

대롱 : 대롱이 유치원 갔을 때 안 심심했어?

뻐꾸기 : 뻐꾹! 뻐꾹! 뻐꾹!

대롱 : 넌 그림일기 안 써도 되니까 좋겠다.

뻐꾸기 : 뻐꾹! 뻐꾹! 뻐꾹!

대롱 : 뻐꾹아! 맨날 맨날 뻐꾹! 뻐꾹만 하지 말고 다른 노래도 좀 해 봐. 대롱이가 재~밌는 노래 가르쳐 줄까?

뻐꾸기 : 뻐꾹! 뻐꾹! 뻐꾹!

대롱 : 뻐꾸기 너 바보지?

뻐꾸기 : 뻐꾹!

대롱 : 뻐꾸기 너 미워!

뻐꾸기 : 뻐꾹! 뻐꾹! 뻐꾹!

대롱아 : 뻐꾹아, 있지~ 내일은 짝꿍이 바뀌는 날이거든? 그래서 말인데 혹시 똑딱이랑 짹깍이가 늦잠자서 노래 안하면 뻐꾸기 네가 큰소리로 날 깨워줘~?

뻐꾸기 : 뻐꾹! 뻐꾹! 뻐꾹!

대롱 : 똑딱아!

똑딱이 : 똑딱! 똑딱! 똑딱!

대롱 : 있지~ 내일 아침에는 멋있게 하고 유치원 갈 거거든? 머리에 무스도 발라야 하고 바빠질 것 같으니까 나 좀 꼭! 깨워 줘~?

똑딱이 : 똑딱! 똑딱! 똑딱!

대롱 : 히이힛~! 고마워. 아참! 짹깍이한테도 부탁해야지? 짹깍아!

짹깍이 : 짹깍! 짹깍! 짹깍!

대롱 : 짹깍아 있지~ 나 부탁이 있는데, 나~ 낼 아침에 꼭 좀 깨워 줘. 왜냐하면 낼 로운이랑 짝꿍이 꼭 되고 싶거든? 그래서 말인데 뻐꾸기랑 똑딱이가 혹시 늦잠자고 날 안 깨울지도 모르니까 넌 졸지 말고 나 꼭 여덟 시에 깨워 줘~? (효과/ 짹깍! 짹깍! 짹깍! 짹깍!)

조명 out
조명 in/ 밤 분위기. 대롱이 잠옷을 입고 자면서 잠꼬대 한다.

대롱 : 안 되겠다. 달님한테도 부탁해야지? 달님! 달님! 달님! 대롱이 소원이 있는데요. 예쁜 로운이 공주랑 내일 짝꿍이 꼭! 되게 해 주세요. 꼭~!이요(대롱이 침대에서 굴러 떨어진다.) 쿵! 아야! 아이고 머리야. 아함~~! (일어나 눈 비비면서 시계를 쳐다본다.) 어디! 아직 여덟 시가 되려면 한 시간이나 더 남았네…. 더 자야지? 늦잠자면 똑딱이랑 짹깍이랑 뻐꾸기가 깨워 줄 텐데 뭐….

대롱이 꾸벅꾸벅 졸다 다시 잔다.

조명 out

조명/ 밝기 조정. 아침 해가 뜬다. 대롱은 아직도 자고 있다.

2장

음악/ 아침 분위기/ 조명 in
효과/ 시계 소리. 똑딱이 등장.

똑딱이 : 똑딱! 똑딱! 똑딱! 일어나! 일어나! 또 지각하겠어. 유치원 갈 시간이야~! 어서어서 일어나!

음악/ 짹깍이 등장.

짹깍이 : 짹깍! 짹깍! 띠리리리링~! 아침 준비할 시간이에요. 빨리빨리 일어나서 아침 서두르세요. 똑딱아! 대롱이 일어났어?

똑딱이 : 아~니! 아까부터 깨웠는데 일어날 생각도 안 해! 대롱이 엄마는 일어나셨니?

짹깍이 : 아~니! 빨리빨리 아침 준비 서둘러야 할 것 같은데 오늘 아침엔 이상하게 안 일어나시네.

똑딱이 : 오늘 아침 모두 못 먹는 거 아니니?

짹깍이 : 걱정된다.

음악/ 뻐꾸기 새장 안에서 얼굴 내민다.

뻐꾸기 : 뻐꾹! 뻐꾹! 안녕 친구들~!

똑딱이 : 안녕?

짹깍이 : 안녕?

대롱 : (무대 안) 아휴~! 시끄러워 아직 여덟 시가 되려면 한 시간이나 남았는데… 아~함 졸려.

뻐꾸기 : 대롱아~! 빨리빨리 눈 떠 봐!

똑딱이 : 대롱아! 일어나! 머리에 무스도 발라야 하고 바쁘다면서!

짹깍이 : 대롱~! 대롱~! 대롱아! 유치원 지각하겠어. 빨리 일어나!

시계들 동시에 울어댄다./ 소멍 밝기 소성.
엄마 앞치마 두르고 등장.

엄마 : 대롱아~! 대롱아~! 우리 아들이 오늘 아침엔 늦잠을 자네. 빨리 깨워야겠다. 유치원 지각하겠어. (엄마 잠시 퇴장. 무대 안에서) 대롱! 대롱! 이대롱! 뭐 해!

어서어서 일어나야지! 유치원 지각하겠어~!

대롱 : (무대 안) 아아~함! 졸려! 지금 몇 시에요?

엄마 : (무대 안) 아홉 시가 다 되어 가는데?

대롱 : 뭐라고요? 나 몰라! 나 몰라! 어떻게 해. 머리에 무스도 발라야 하고 또 멋있게 해야 하는데… 힝~~ 그래서 짹깍이랑 똑딱이랑 뻐꾸기한테 부탁 했는데 깨워 주지도 않고! 앙~~~! 나 몰라! 예쁜 로운이 공주랑 짝꿍이 꼭! 되어야 하는데!

대롱이 잠옷 입은 채로 등장. 엄마 따라 나온다.

엄마 : 대롱아! 너 잠옷 입고 유치원 갈 거니?

대롱 : 앙~~! 나 몰라 힝~~! 아이 창피해.

대롱이 무대 안으로 뛰어간다.

엄마 : 아휴~ 그런데 예쁜 공주 로운이가 누구지? 대롱이가 굉장히 좋아하는 친구인가 보네. 그럼… 내 아들한테 여자친구가 생긴 건가?

음악/ 대롱이 옷 갈아 입고 등장.

엄마 : 히이야~~! 우리 아들 멋있는데?

대롱 : 몰라!

엄마 : 대롱아! 그런데 로운이가 누구니?

대롱 : 응… 대롱이가 젤~~루! 좋아하는 여자.

엄마 : 젤~루! 좋아하는 여자?

대롱 : 네!

엄마 : 치! 언제는 엄마가 젤~~루 좋다면서?

대롱 : 그거는 그러니까… 엄마는 엄마이고, 로운이는 로운이죠?

엄마 : 어서 가자. 오늘은 걸어서 유치원 가야겠다.

대롱 : 네~ 할 수 없죠, 뭐!

대롱이와 엄마 퇴장.

조명 out
음악

조명 in/ 대롱이 유치원 도착. 짝꿍이 정해진 상태로 아이들(로운, 시내, 건웅, 철민, 채린) 교실에 앉아 있다.

로운 : 대롱아 안녕? 지각했네?

대롱 : 응~ 로운아 안녕?

철민 : 대롱아! 늦잠 잤어?

대롱 : 늦잠? 아니… 그게 그냥 그렇게 됐어!

시내 : 어~이! 이대롱, 일루 와서 앉으셔!

대롱 : 어? 어디?

시내 : 어디긴~~! 내 옆자리지!

대롱 : 뭐? 네 옆자리?

시내 : 당근이지~! 내가 널 얼마나 기다렸는데.

건웅 : 그~래! 시내가 아까 아까부터 대롱이 너 기다렸어!

채린 : 대롱이는 좋겠다? 기다려 주는 시내가 있어서.

대롱 : 됐거든?

로운 : 대롱아~ 오늘 왜 이렇게 늦었어~?

대롱 : 말 시키지 마! 속상하단 말이야.

채린 : 뭐가 속상한데?

대롱 : 됐거든?

건웅 : 대롱아, 나는 네 맘 알아. 그렇지만 참아. 우린 남자잖아.

철민 : 그~래! 대롱아 참아!

시내 : 야! 이대롱! 빨리 와서 앉아야지!

대롱 : 됐거든?

시내 : 야! 너 오늘 아침에 뭐 잘못 먹었냐? 뭐가 '됐거든~ 됐거든' 이야? 뭐가 됐는데?

대롱 : 됐거든?

건웅 : 대롱아~ 참아!

철민 : 아침에 엄마한테 야단 맞았어?

대롱 : 아니….

로운 : 대롱아~ 우리 동화책 같이 보자!

대롱 : 됐거든?

철민 : 로운아, 이리 와. 나랑 같이 보자.

로운 : 응… 알았어.

로운이와 철민이가 한쪽에서 동화책을 본다. 대롱이 삐쳐서 한쪽 구석에 서 있다.

건웅 : 채린아, 너랑 짝꿍이 되어서 너무 좋아!

채린 : 히~? 나도 너랑 짝꿍이 되어서 너무 좋아!

건웅 : 우리~ 숫자놀이 하자.

채린 : 그래? 대롱이도 같이 하자고 하자.

건웅 : 대롱아~ 우리랑 같이 숫자놀이 하자!

채린 : 그래 우리랑 같이 숫자놀이 하자!

시내 : 야~! 나도 같이 하자!

채린 : 그래? 그러자.

시내 : 야! 이대롱, 너도 같이 하자~!

건웅 : 그래~ 대롱아 같이 하자.

대롱 : 너희들이 그렇게 원한다면….

3장

효과/ 아이들 웅성웅성 노는 소리. 선생님 등장.

선생님 : 친구들~! 안녕? 모두들 제자리에 앉으세요. 오늘은 새로운 짝꿍이랑 같이 앉게 되었어요. 모두들 사이좋게 지냈으면 좋겠어요. 알겠죠?

아이들 모두 : 네! 네! 선생님!

선생님 : 자~! 예쁜 손 무릎에~!

아이들 모두 : 짝! 짝! 무릎에!

선생님 : 우리 풀꽃반 친구들은 다 착한 친구들만 모인 것 같아요.

시내 : (손 번쩍 들고) 선생님 질문 있어요. 궁금한 게 있거든요?

선생님 : 질문? 아직 수업 시작도 안 했는데! 우리 시내는 뭐가 궁금할까? 일어서서 질문해 보세요. 자~! 친구들도 질문이 있거나 궁금한 게 있으면 시내친구처럼 손을 들고 말하면 되겠죠~?

아이들 모두 : 네! 네! 선생님!

선생님 : 시내 친구 말해 보세요.

시내 : 저… 저… 선생님~!

선생님 : 평소에 씩씩한 시내 친구가 수줍음을 다 타네. 씩씩하게 말해 보세요.

시내 : 남자 친구들은 아빠가 낳고, 우리 여자 친구들은 엄마가 낳는 거죠?

선생님 : 그… 그… 그건 말이지….

대롱이 : 시내 너! 바보 아니냐! 우리 엄마가 그러는데 아기들은 엄마가 다 낳는다고 그랬어!

시내 : 아니다, 뭐! 남자는 남자니까 아빠가 낳는 거고 여자는 여자니까 엄마들이 낳는 거야!

선생님 : 얘들아~? 아기들은 말이야… 지금부터 선생님이 설명해 줄게 잘 들어 보세요. 엄마 뱃속에는 태아들이 열 달 동안 자랄 수 있는 집이 있어요.

철민 : (손을 들고) 선생님 질문 있어요.

선생님 : 철민이 친구 말해 보세요!

철민 : 태아가 뭐에요?

선생님 : 응… 태아는 말이지, 엄마 뱃속에서 태어나기 전에 아기집에서 생활하고 있는 동안의 아기를 태아라고 해요

건웅 : (손을 들고) 선생님 질문 있어요.

선생님 : 건웅이 친구 말하세요.

건웅 : 그러면 아기들은 어떻게 생기는데요?

선생님 : 아기들은 아빠 몸 속에 있는 아기씨가 엄마 몸 속으로 들어가서 엄마 몸 속

의 아기씨와 만나요. 그래서 엄마 뱃속에 있는 아기집에서 살게 되는 거예요.

채린 : (손을 들고) 선생님!

선생님 : 채린이 친구 말하세요.

채린 : 그럼 엄마들은 다 아기집을 하나씩 가지고 있어요?

선생님 : 그~~럼요.

대롱 : (손을 들고) 선생님!

선생님 : 대롱이 친구 말해 보세요.

대롱 : 그러면 선생님 있죠, 여자 친구들은 다~ 아기집이 있겠네요?

선생님 : 그래요~! 여자들은 태어나면서부터 아기씨를 보관할 수 있는 난자라는 것을 가지고 태어나는 거예요.

철민 : (급해서 손도 안 들고 일어서서 질문한다.) 선생님! 그러면 우리 반 여자 친구들은 다~ 아기들을 낳을 수 있겠네요?

선생님 : 그럼~요!

건웅 : (급하게 일어난다.) 여자 친구들이 지금! 지금! 아기를 낳을 수 있어요?

선생님 : (웃으면서) 지금 아기를 낳을 수 있는 건 아니에요. 한 살 두 살 나이를 먹고 사춘기가 되고 어른이 되면, 한 달에 한 번씩 아기씨들이 운동을 해요. 그때 아빠가 가지고 있는 아기씨를 만나야 하는 거예요.

건웅 : 휴우~ 그렇구나.

선생님 : 자~! 그래서 태아가 아기집에서 지낸 지 열 달 정도가 지나면 엄마한테 신호를 보내요. 엄마 몸에는 아기들이 나올 수 있는 길이 있거든요.

철민 : 그러니까 우리들이 유치원에 오는 길처럼 말이에요?

선생님 : 그렇죠~! 우리들이 유치원 오는 길이 있듯이 아기들이 나오는 '산도' 라는 길이 있어요. 아기들은 그 길을 통해서 세상 밖으로 나온답니다.

건웅 : 응애~! 맞죠, 선생님?

선생님 : 맞아요! '엄마, 나 여기 있어요.' 하고 엄마한테 인사를 하는 거예요.

시내 : 히이야~! 신기하다.

채린 : 그래 정말 신기하다.

로운 : 그러면 엄마들만 아기집이 있는 거구나. 그치!

건웅 : (꼬르륵~!) 배고프다!

선생님 : 누구의 배꼽시계인가?

건웅 : 히~~! 저요, 선생님.

철민 : (꼬르륵~!) 히~!

선생님 : 벌써 맛있는 점심시간이 다 되었네요. 오늘은 영양사 선생님께서 카레를 만드셨어요. 우리 친구들 맛있게 많이 먹도록 해요~?

아이들 모두 : 네! 네! 선생님!

음악/ 아이들 모두 식당으로 차례차례 줄을 서서 내려간다.

조명 out

4장

무대 안/ 아이들 밥 먹는 소리와 웅성거리는 소리.

조명 in/ 여자 아이들 먼저 차례로 줄 서서 교실로 들어온다.

로운 : 정말 맛있다.

채린 : 나는 너무 많이 먹었나 보다.

시내 : 그런데… 우리 엄마는 밥을 안 먹어도 배가 빵빵하다~?

로운 : 왜에?

시내 : 우리 엄마가 그러는데 엄마 뱃속에 별이 살고 있대.

채린 : 별? 무슨 별?

로운 : 응…! 그 별은 있지, 시내 동생별이야.

채린 : 아…! 시내 동생이 살고 있다고?

로운 : 그~래.

채린 : 시내 너는 좋겠다. 동생도 생기고…. 우리 엄마도 동생 하나만 만들어 주면 좋겠다. 집에 가도 맨날 혼자 있어야 하고 심심해. 동생이 있으면 소꿉도 같이 하

고 놀이터도 같이 가고 공부도 같이 할 텐데,

시내 : 그러면 엄마한테 부탁해 봐.

채린 : 바빠서 안 된다고 그러시던데?

효과/ 남자 아이들 쿵쾅거리며 뛰어오는 소리.

대롱 : 야~! 같이 가자!

철민 : 빨랑 와~!

건웅 : 야~! 뛰지 마! 원장 선생님한테 걸리면 혼나!

대롱 : 원장 선생님? 원장 선생님은 안 혼내!

철민 : 맞아! 혼낼 것처럼 불러서 무릎에 앉으라고 하고 '뽀뽀하자!' 그러던데?

건웅 : 그래도 뛰지 말고 천천히 걸어서 가자.

효과/ 쿵쾅 소리/ 대롱이 로운이 아이스께끼 하고 도망간다.

대롱 : 아이스께끼~~!

로운 : 야~아! 창피하게 왜 그래~!

시내 : 야! 이대롱, 남자가 비겁하게?

대롱 : 내가 뭘~!

건웅 : 대롱아 네가 참아!

시내 : 그런 거 하면 안 되잖아!

대롱 : 너는 여자가 왜 그렇게 말이 많니!

철민 : 대롱아! 우리 아빠가 그러는데 여자한테는 무조건 항복하고 지는 게 이기는 거래.

대롱 : 그래? 내가 참는다!

시내 : 참아? 뭘 참아!

로운 : 니네들 왜 그래~! 나 괜찮아. 대롱이 너 다음부터는 그런 거 하지 마~?

대롱 : 알았다, 뭐~! 안 할게.

음악/ 선생님 등장.

선생님 : 친구들~ 점심 맛있게 잘 먹었어요?

아이들 모두 : 네! 네! 선생님!

선생님 : 그럼, 정리정돈을 어떻게 해야 하는지 아는 친구 손 들어 보세요.

대롱 : 저요!

선생님 : 대롱이 친구 말해 볼까요?

대롱 : 자기가 가지고 놀았던 장난감은 제자리에 갖다 놓는 거요.

선생님 : 맞아요. 또 뭐가 있을까요?

로운 : 저요!

선생님 : 로운이 친구~? 어디 또 뭐가 있을까요?

로운 : 자기가 본 동화책은 처음 있던 자리에 꽂아 두어야 해요.

철민 : 그런데요~ 선생님, 자기가 가지고 안 놀았어도 책이랑 교구랑 다~ 제자리에 정리해야 돼요.

선생님 : 그래요~ 철민이 친구 말처럼 모든 물건은 제자리에 처음처럼 정리하면 우리 교실도 깨끗해지겠죠?

아이들 모두 : 네! 네! 선생님!

선생님 : 그러면 친구들, 유치원에서 집에 갈 때 뛰어서 빨리 차에 타야 하는 게 맞나요?

아이들 모두 : 아~니요! 천천히 걸어가야 해요.

선생님 : 와~! 우리반 친구들 똑똑해요. 대단한걸? 자~! 지금부터 자기 가방을 메고 천천히 줄을 서서 걸어서 차에 타는 거예요?

아이들 모두 : 네! 네! 선생님!

효과/ 아이들 떠드는 소리, 깔깔 웃는 소리.
음악/ 아이들 차례로 줄 서서 교실 밖으로 나간다.
조명 out
효과/ 차 부릉 떠나는 소리와 아이들 말소리.

5장

음악
조명 in/ 대롱이 등장.

대롱 : 대롱이 유치원 다녀왔습니다~! 집이 왜 이렇게 조용~하지?

뻐꾸기 : 뻐꾹! 뻐꾹! 뻐꾹!

대롱 : 아이 깜짝이야! 뻐꾸기! 너 미워! 내가 어제 그렇게 부탁했는데… 치! 치사 뽕!

뻐꾸기 : 아니야! 내가 오늘 아침에 얼마나 큰 소리로 노래했는데!

대롱 : 나는 네 노래 소리 못 들었단 말이야!

효과/ 똑딱! 똑딱! 똑딱! 째깍! 째깍! 째깍!

대롱 : 아구구~ 시끄러워!

똑딱이 : 뻐꾸기가 얼마나 큰 소리로 목이 터져라 노래를 불렀는데~!

째깍이 : 그~래! 나도 오늘 아침엔 얼마나 힘차게 울었는데…. 대롱이 너희 엄마도 늦잠 자고….

대롱 : 아무튼! 너희들 다! 미워! 오늘 유치원에 늦게 가서 내가 젤~ 좋아하는 로운이랑 짝꿍도 못 되고 씨이익! 나는 시내 싫단 말이야.

똑딱이 : 아니야~! 우리는 약속 지켰어!

째깍이 : 나도 띠링! 띠링! 띠리리링! 온몸이 떨릴 정도로 울었는데!

뻐꾸기 : 우리는 모두 약속 지켰어~ 우리들은 약속 어긴 적 없어 항상 언제나 정확한 시간에 노래를 부른다구!

똑딱이 : 난 하루도 빠지지 않고 대롱이 널 깨웠어.

째깍이 : 나~도!

뻐꾸기 : 우리 모두 오늘 아침엔 얼마나 걱정을 많이 했는데.

음악/ 엄마 등장.

대롱 : 유치원 다녀왔습니다.

엄마 : 수고했다, 아들!

대롱 : 치! 엄마도 미워!

엄마 : 왜~?

대롱 : 오늘 로운이랑 짝꿍 안 됐단 말이에요.

엄마 : 로운이랑 짝꿍이 안 됐는데 왜 엄마한테 투정이니?

대롱 : 똑딱이도! 째깍이도! 뻐꾸기도! 엄마도! 다~ 미워! 깨워 주지도 않고… 치!~사뽕~!이에요.

엄마 : 뭐? 치사뽕?

대롱 : 네. 치사뽕!

엄마 : 야~! 오늘 엄마가 늦잠을 자기는 했지만 치사뽕이 뭐냐?

대롱 : 똑딱이랑! 째깍이랑! 뻐꾸기랑! 내가 어제 그렇게 부탁을 했는데….

엄마 : 똑딱이랑 뻐꾸기랑 째깍이가 엄마를 깨우면서 대롱이랑 약속한 게 있다고 대롱이 빨리 깨워 달라고 했는데~! 엄마가 그 소리 듣고 오 분만~! 오 분만! 하다가 널 못 깨웠어 야! 지각할 수도 있지 뭐~!

대롱 : 오늘은 그게 아니란 말이에요. 난 시내 싫어요.

엄마 : 친구가 싫은 게 어딨어? 친구는 다~ 좋은 거지.

대롱 : 엄마는 몰라도 너무 몰라.

엄마 : 엄마가 모르긴 뭐 몰라~! 내 아들 대롱이가 로운이를 세상에서 젤~로 좋아하는 것도 다~ 아는데!

효과/ 똑딱! 똑딱! 똑딱! 째깍! 째깍! 째깍! 뻐꾹! 뻐꾹! 뻐꾹!

대롱 : 아~! 너희들 또 왜 그래~?

엄마 : 시계들도 다 아나 보네~? 대롱이가 로운이 좋아하는 거~?

대롱 : 치~!

엄마 : 이대롱! 너 엄마 아들 맞아?

대롱 : 치~!

엄마 : 똑딱이랑 째깍이랑 뻐꾸기랑 다~ 약속 지켰는데 늦잠 자고 화를 내면 약속 지킨 시계들이 나빠요~, 늦잠 잔 대롱이가 나빠요?

대롱 : 대롱이가 나빠요.

엄마 : 로운이 좋아한다고 새로 짝꿍이 된 시내가 싫다고 하면 될까요, 안 될까요?

대롱 : 안 돼요.

엄마 : 역시~! 내 아들 이대롱 똑똑해요.

효과/ 똑딱! 똑딱! 똑딱! 째깍! 째깍! 째깍! 뻐꾹! 뻐꾹! 뻐꾹!

대롱 : 시계들아 미안해~. 나 대롱이 용서해 줄 거지? 대롱이 미워하지 마~? 히이~?

엄마 : 그러니까 진짜로 엄마 아들 같네. 유치원 다녀왔으면 맨 먼저 뭘 해야 할까요?

대롱 : 응… 세수를 하고? 손과 발 뽀드득~! 뽀드득~!

엄마 : 그렇지~! 정답이에요. 어서 들어가자.

대롱 : 네~ 엄마!

음악/ 대롱과 엄마 퇴장.

조명 out

제7부

구연동화 모음

– 문빈 창작 동화

엄마! 안아 주세요

"엄마! 나, 다리 아파! 발가락이 자꾸만 '꼼지락 꼼지락' 힘들어서 움직일 수가 없대요."

"그래? 그러면 발가락한테 힘을 주고 걸어가자고 승준이가 '파이팅!' 해줄래?

그러면 발가락이 용기를 얻어서 뛰어가자고 할 거야."

"힝~! 그러면 발가락이 화낼 건데…."

승준이와 엄마는 코스모스가 피어 있는 들길을 산책하고 있는 중이에요.

길가에는 이름 모를 풀꽃들이 노란 빛 파란 빛, 보랏빛을 하고 웃으며 인사를 하고 있었어요. 승준이도 '안녕?' 반갑게 인사를 하고, 고사리같이 작은 손을 내밀어 악수도 하고 뽀뽀도 해 주고 신기해하면서 한참을 잘 걸어갔어요. 그런데 오르막길이 나타나자 갑자기 응석을 부리면서 엄마를 조르기 시작 했어요.

"엄마~! 파이팅! 했는데도 힘이 없대요. 엄마~ 안아 주세요."

"음… 그럼 바람 아저씨한테 '도와주세요, 발가락이 아파요.' 해 봐."

"힝~~! 바람 아저씨, 발가락이 아파요. 도와주세요. 엄마! 바람 아저씨가 바빠서 도와줄 수가 없내요. 엄마~! 승준이 안아 줘~!"

"음… 그럼! 해님 누나한테 부탁해 봐."

"해님 누나도 바쁠 텐데. 그래서 안 도와줄 건데…. 엄마~! 승준이 안아 줘!"

승준이는 뾰로통하더니 길바닥에 주저앉아서 울어 버렸어요.

"앙~! 승준이 다리 아파! 앙~~! 엄마 미워! 엄마~! 히~이~이이이잉!"

승준이는 한참을 울다가 엄마가 안아 주러 왔겠지 하고 눈을 떴는데 엄마가 보이지 않았어요.

"엄마가 안 보인다. 엄마가 안 보여. 엄마가 어디로 갔지? 엄마가 날 안아 주러 올 때가 됐는데…."

여기 저기 주위를 아무리 둘러보아도 엄마 모습은 보이지 않았어요. 승준이는 엄마를 찾아보기로 했어요. 엄마가 어딘가에 숨어서 자기를 지켜보고 있을 것이라고 생각했어요. 왜냐하면 넘어져서 다치거나 울면 언제 어디서든 엄마가 뛰어오셨거든요.

"코스모스야! 너는 우리 엄마가 어디 숨었는지 아니?"

"너희 엄마? 몰라!"

코스모스 사이를 이리저리 살펴보았지만 엄마의 모습은 보이지 않았어요.

"해바라기야, 너는 키가 크니까 우리 엄마가 어디 숨었는지 알지?"

"너희 엄마? 글쎄, 안 보이는데?"

엄마보다 키가 큰 해바라기는 엄마가 어디 숨었는지 알고 있는 것 같았어요. 그런데 코스모스도 해바라기도 엄마가 어디 숨었는지 모른다고 했어요. 갑자기 무서워진 승준이는 큰 소리로 울기 시작했어요.

"앙~~! 엄마, 무서워. 엄마 어디있어요. 앙~~~! 엄마~, 엄마~!"

그때 바람을 타고 멀리서 승준이를 부르는 엄마의 목소리가 들렸어요.

"준~! 아들아~! 어서어서 오너라."

"엄마! 엄마!"

"준~! 엄마는 여기 있어요. 뛰지 말고 천천히 걸어오렴."

"엄마! 어디 있어요? 엄마가 안 보여요."

"사랑하는 아들 준~! 천천히 언덕을 넘어 오렴~."

"힝~! 네 엄마, 승준이 기다리세요."

엄마의 목소리가 들리자 승준이는 무서운 것도 잊어버리고, 눈물을 닦고 언덕을 향해서 뛰기 시작했어요. 발가락이 아파서 걸을 수 없다고 했던 것을 후회하면서 말이에요. 언덕을 넘어서자 마자 엄마가 멀리서 허수아비 아저씨처럼 두 팔을 벌리고 활짝 웃으며 서 계셨어요.

"엄마~!"

"그래~ 그래! 아들, 넘어져요. 천천히~ 천천히~!"

"엄마! 승준이가 골~인한다!"

"아들 파이팅!"

'하나~ 둘! 하나~ 둘!' 승준이는 열심히 뛰어서 엄마 품속으로 골인했어요.

"골~인!"

"우리 아들 장하다. 아주 잘~했어요. 다음부터는 다리가 아파도 울지 말고 오늘처럼 씩씩해지는 거다~? 그래야 아빠처럼 훌륭한 사람이 될 수 있지."

"네~ 히이~!"

엄마는 승준이를 꼬~옥 안아 주셨어요.

여자친구가 생겼어요

'데굴데굴 통! 통! 통!' 왼쪽으로 '뻥!' 오른쪽으로 '뻥!' 슛~! 골~인! 축구공.

'오른쪽으로 패스, 왼쪽으로 패스, 마이 볼~! 배구공.

'따각! 따각' '피유우~웅!' 탁구공.

강돌이가 젤 좋아하는 공은 축구공이에요. 오늘은 대청소하는 일요일이어서 아빠도 바쁘고, 엄마도 바쁘고…. 강돌이는 외톨이가 되었어요.

"아빠, 나랑 오 분만 축구하면 안 될까요?"

"나도 너랑 축구공을 뻥! 슛~골인! 하고 싶은데 뽀꾸 집을 예쁘게 꾸며 주기로 엄마랑 약속을 했거든~? 지금은 바빠서 말이다. 나중에 같이 하자."

"네…."

아빠는 뚝딱! 뚝딱! 지붕에 구멍이 나서 비만 '주루룩!' 오면 뽀꾸 밥그릇에 '똑! 똑!' 물이 떨어져 고이는 뽀꾸 집을 열심히 고치시고 근사하게 색칠도 하실 거래요. 엄마도 무지 바쁘신 것 같아요. '뽀드득! 뽀드득!' 열심히 유리창을 닦고 계세요.

"엄마! 나랑 오 분만 블록 쌓기 해요!"

"칙! 칙! 뽀드득! 휴우~ 힘들다. 너도 장난감이랑 책상 정리 좀 하면 안 되겠니?"

"네…."

할 수 없이 강돌이도 청소를 하기로 했어요.

"장난감은 장난감통 속으로 퐁당! 책은 가지런히~ 가지런히! 줄을 맞춰서 한 줄 기차로 세우고, 크레파스도 한 줄 기차! 연필도 하늘을 향해서 두 발을 세워 놓고, 우히히히~! 깨끗해졌는걸. 청소 끝~! 이젠 뭘 하지? 헤공! 심심하다 놀이터에나 가 볼까? 친구들이 있을지도 몰라."

하지만 놀이터에는 친구들이 하나도 보이지 않았어요.

'어? 쟤는 누구지? 무지 예쁘다. 내가 좋아하는 긴 생머리에다 얼굴도 뽀얗고, 공주

원피스까지? 그런데… 처음 보는 아이인데…? 콩닥콩닥! 내 가슴이 왜 이렇게 뛰지? 말을 한 번 걸어 볼까?

놀이터에는 선녀같이 예쁜 여자아이가 혼자서 그네를 타고 있었어요. 긴 생머리에 눈이 큰 아이였어요.

"야! 안녕? 처음 보는 거 같은데? 난 이 동네에 사는 강돌이라고 해."

"안녕? 나는 수빈이야. 오늘 이 동네로 이사 왔어."

"혼자서 그네 타면 재미없는데…. 나랑 같이 탈…래?"

"응!"

강돌이는 콩닥거리는 마음을 감추고 얼굴이 빨개져서 그네를 타기 시작했어요. 수빈이도 조금은 어색해하는 것 같았어요.

"난 일곱 살인데 너는?"

"나도 일곱 살인데…."

"우와! 그럼 우리 친구 하면 되겠다, 그치!"

"응!"

"우리 집은 107동 옆에 초록색 집인데… 너희 집은 어디야?"

"우리 집은… 꼭대기야."

"꼭대기?"

"응, 엄마가 그러는데 107동 꼭대기라고 했어."

"그럼, 혹시…."

"혹시 뭐?"

"아니야~! 응… 너희 집까지 바래다줄까?"

"아니야! 혼자서도 찾아갈 수 있어. 이 놀이터 근처야." "우리 집도 이 놀이터 근처인데. 그럼 같이 가자."

"그래."

강돌이와 수빈이는 처음 만났는데도 두 손을 꼭 잡고 집으로 갔어요. 강돌이는 수빈이가 손을 잡는 순간 숨이 멈춰 버릴 것 같았어요. 수빈이는 강돌이네 집 근처 아파트로 이사 온 친구였어요.

"저… 근데 너 어느 유치원 다닐 건데?"

"그건 나도 아직 몰라."

"그래? 우리 유치원 같이 다녔으면 좋겠다."

"글쎄…."

"안녕~."

"응~ 안녕~."

집으로 발걸음을 옮기면서도 강돌이는 자꾸만 뒤를 돌아보았어요. 어쩌면 수빈이가 한 번쯤은 뒤돌아 볼 수도 있고, 그래서 얼굴을 한 번만이라도 볼 수 있었으면 하는 기대를 했거든요. 그런데 수빈이는 곧장 가버렸어요.

'한 번은 돌아봐도 되는데…. 그러면 내가 히이~? 하고 웃어 줄 건데.'

집으로 돌아온 강돌이는 밥을 먹을 때도 과일을 먹을 때도 모든 게 수빈이 얼굴로 보이기 시작했어요.

"어~! 내가 왜 이러지?"

"강돌아~? 내일 유치원에 가져갈 준비물은 다 챙겼니?"

"……."

"강돌! 안 들려?"

"수빈아…."

"뭐? 수빈이! 수빈이가 누군데?"

"어?… 어… 아니에요."

"어서 주무세요, 왕자님~! 증세가 심각한 것 같네요."

"… 네."

이제는 엄마 얼굴까지 수빈이로 보이는 거예요. 밤새 수빈이랑 소꿉놀이 하는 꿈을 꾸었어요. 물론 남편은 강돌이고 아내는 수빈이였죠. 유치원에 도착해서도 수빈이가 교실로 들어올 것만 같았어요. 그때였어요. 교실 문이 '스르륵' 열리더니 선생님께서 새로운 친구를 소개한다고 하셨어요. 강돌이는 책상에 앉아서 먼 산만 바라보고 있었어요.

"친구들~? 자리에 앉아 보세요. 오늘부터 우리와 같이 공부하게 될 수빈이예요. 사이좋게 지내세요."

순간 강돌이는 너무 놀라서 자리에서 '쿵' 하고 떨어질 뻔했어요.

"누구 옆에 앉으면 좋을까?"

"저, 선생님!"

"강돌? 질문 있어요?"

"아…니에요. 선생님."

"흠~ 그래, 강돌이 옆으로 가는 게 좋겠다. 집도 같은 방향이고. 강돌!"

"네, 선생님!"

"수빈이랑 같이 앉을래?"

"네~? 네, 선~생님."

기분이 너무 좋아서 수빈이를 잘 안다고, 어제 만났다고, 우리 집 근처에 산다고 말을 해 버리고 싶었지만 '꾹' 참았어요. 수빈이가 옆자리로 오자 가슴이 또 '콩닥!콩닥!' 뛰기 시작했어요.

"안녕? 어제는 바래다줘서 고마웠어."

"어? 어…."

"오늘도 우리 같이 가면 되겠다. 그치?"

"어? 어… 응!"

점심시간에도 강돌이는 수빈이의 보디가드처럼 옆에서 붙어서 수빈이를 꼭 지켜 주었어요.

집으로 갈 때도 물론 손을 잡고 갔지요.

"엄마, 유치원 다녀왔습니다."

"우리 아들이 오늘은 굉장히 씩씩한데? 뭐 기분 좋은 일 있었니?"

"네!"

"뭔데~? 엄마도 같이 기분 좋아하면 안 될까?"

"비밀이에요."

"비밀? 아들! 너랑 나 사이에 비밀이 어디 있니?"

"난 지금 행복하거든요?"

"행복? 그~래! 그 행복한 비밀을 같이 나누고 행복해하자고."

"엄마~! 저도 감추고 싶은 게 있기든요?"

"얘! 엄마한테 감추고 싶은 게 어디 있니? 나는 너한테 비밀 한~ 개도 없는데."

"어마마마~! 고정하시지요. 이 태자가 지금 바쁘옵니다."

"야! 강돌, 너 정말 치사해졌다!"

방으로 들어오자마자 강돌이는 수빈이에게 줄 편지를 썼어요.

'수빈아, 나 강돌이야. 너 무지 예쁘더라~. 앞으로 모르는 거 있으면 내게 말해. 뭐든지 내가 다 해줄게. 그리고 이건 내 생일 선물로 받은 건데 너 줄게. 너랑 나랑 만난 거 기념하는 거야. 6월 26일 월요일. 강돌이가.'

엄마는 행복한 비밀을 간직한 아들이 뭘 하는지 궁금해서 방문을 살짝 열어 보았어요. 책상에 앉아서 열심히 공부를 하는 것 같았어요. 그래서 핫케이크를 만들어서 우유도 한 잔 곁들여 쟁반에 담아 들고 강돌이의 방으로 들어갔어요. 그런데 강돌이는 손으로 뭔가를 열심히 쓰고 있었어요.

"태자님~? 간식 드시지요."

"엄마~! 노~크 하셔야죠!"

"아니… 나는 네가 하도 열심히 공부를 하는 것 같아서 방해될까 봐 살짝! 그런데 이게 뭐니? 누구 생일이니?"

"아~니에요. 낼 수빈이 줄 편지예요."

"뭐? 수빈이 줄 편지? 그럼 요건 뭔데?"

"이거는… 그냥… 우리 만남을 기념하는 뭐 그런 거예요."

"우리 만남은 우연이 아니야~ 너 그러려는 거지?"

"엄마는 남자친구 없어요?" "있지!"

"누군데요?"

"흠… 그러니까 일 주일에 한 번만 볼 수 있는 사람."

"치! 아빠 말고요."

"또 있기는 있는데, 그 녀석이 아무래도 여자친구가 생긴 것 같아서 포기할까… 생각 중이야. 행복한 비밀이 생겼다나 뭐라나."

강돌이는 엄마한테 미안한 생각이 들었어요. 직장 때문에 멀리 가 계신 아빠는 일요일마다 집에 오시기 때문에 아빠도 엄마를 잘 돌봐드리라고 부탁하셨거든요.

"엄마 있잖아요~, 아빠를 기다리는 일주일이 행복하세요, 안 행복하세요?"

"아빠를 기다리는 시간은 안 행복한데, 아빠가 오시는 일요일, 그러니까 토요일부터는 가슴이 '콩닥! 콩닥!' 행복하지! 왜?"

"아니에요. 사실은요, 어제 놀이터에서 수빈이를 첨 봤거든요? 어제 우리 동네로 이사를 왔대요. 그런데 그 아이가 오늘 우리 유치원에 왔는데 글쎄 내 짝꿍이 됐어요. 그 아이만 보면 가슴이 '콩닥! 콩닥!' 뛰고 얼굴이 빨개져요."

"오~호라! 너, 수빈이 첫눈에 반했구나?"

"아무래도…요."

"축하한다, 아들~! 여자친구가 생겼네?"

"그래도 난 엄마가 더 좋아요. 아빠보다 내가 더 엄마를 사랑하고 아끼는 거 아시죠?"

"그럼~ 알지. 그래서 편지 쓴 거야? 좋아한다고? 선물도 포장하고?"

"히이~ 네, 뭐든지 다 주고 싶어요."

엄마는 강돌이 이마에 맛있는 알밤 한 알을 아프게 주셨어요. 그리고 오~래 오래 사이좋게 지내고 좋아하는 마음 꼭 간직해서 예쁜 추억을 만들어가라고 하셨어요.

내가 이길 거야!

'으샤~! 으샤! 으샤!'

캥거루와 코끼리가 운동장에서 줄다리기를 해요. 비둘기도 누가 이길지 무척 궁금했어요.

"난 다리가 길어서 달리기도 잘하니까 줄다리기쯤은 문제없어. 그러니까 내가 이길 거야!"

"치! 무슨 말씀이셔~! 난 몸집도 너보다 크고 뚱뚱해서 몸무게도 많이 나가니까 당연히 내가 이길 거야!

캥거루와 코끼리는 서로 자기가 이길 거라고 큰 소리로 말했어요. 비둘기는 걱정이 되었어요.

"넌! 뚱뚱해서 달리기는 맨날 꼴찌만 하잖아."

"달리기는 못하지만 줄다리기는 자신 있으셔!"

"야~! 다투지 마! 친구끼리 왜 다투고 그래?"

다리가 길어서 달리기는 자신 있다는 캥거루와 코로 과자를 먹는 뚱뚱보 코끼리 아저씨의 줄다리기 시합은 누가 누가 이길까요?

"뚱뚱보 코끼리! 넌! 바~보야."

"롱다리 캥거루! 넌 치사 짱~구셔."

"어~라? 이러면 안 되는데."

"뚱뚱보 코끼리 바~보!"

"롱다리 캥거루 치사 짱~구!"

줄다리기 하자고 해 놓고선 다투더니 이제는 서로를 약 올리고 있어요.

비둘기는 다투지 말고 줄다리기를 정정당당하게 해서 누가 이기는지, 누가 힘이 더 센지 빨리 알아보자고 했어요.

"당연히 캥거루 내가 이길 거야."

"웃기는 짬뽕이셔! 내가 이길 거셔. 다리만 길면 다셔?"

비둘기는 심판을 보기로 했어요.

"자~! 내가 심판이다. 줄을 잡고 준비~ 땅! 하면 둘이 동시에 줄을 당기는 거다. 알았지?"

"알았어. 빨리 시작하자고."

"빨리 시작하셔, 비둘기씨!"

"알았어. 그럼, 시작한다~! 준비 됐지?"

"준비 아까부터 하고 있어."

"나도 준비는 완벽하셔."

"하나 둘 셋~! 준비~땅!"

'으샤! 으샤! 으샤!' 캥거루도 코끼리도 두 손에 줄을 '꽉' 잡고 열심히 당기기 시작했어요.

"으샤! 으샤! 으샤샤! 뚱땡이 코끼리! 너쯤은 한방에 보내 버리겠어! 으샤! 으샤 으샤샤!"

"롱다리 캥거루! 내가 얼마나 힘이 센지 이 기회에 확실히 보여주지. 으샤! 으샤! 으샤~!"

캥거루가 이길까요, 코끼리가 이길까요? 오른쪽으로 밀리고, 그러다가 다시 왼쪽으로 밀리고… 비둘기가 바빠졌어요. 왼쪽으로 날아갔다가 오른쪽으로 날아갔다가…. 왔다 갔다 하면서 심판을 보고 있어요.

"하나 둘, 으샤! 으샤! 으샤샤! 내가 이길 거야."

"하나 둘, 으샤! 으샤! 내가 이길 거셔."

"왼쪽~? 오른쪽! 캥거루쪽~? 코끼리쪽! 바쁘다 바빠!"

코끼리가 이기는 것 같으면 캥거루가 힘껏 줄을 당기고, 캥거루가 이기는 것 같으면 코끼리가 힘껏 줄을 잡아당기고, 캥거루가 넘어졌다 일어나면 코끼리가 또 넘어지려다 일어나고… 도대체 누가 이길까요?

"하나 둘, 으샤! 으샤! 으샤샤! 내가 꼭 이기고 말 거야."

"하나 둘, 으샤! 으샤! 포기하셔! 내가 이길 거셔!"

해님도 캥거루와 코끼리의 줄다리기를 구경하다가 달님을 만나러 간대요. 비둘기도 심판을 보면서 왔다 갔다 하다가 지쳐 버렸어요.

"에고, 힘들다."

"그러니까 포기하셔!"

"안 돼! 내가 이길 거야!"

"달리기 일등하는 건 내가 포기할 테니까 줄다리기는 나한테 포기하셔. 날 이기기는 힘들 거야!"

"안 돼! 그럴 수는 없어. 내가 이길 수 있어! 으샤! 으샤! 으샤샤!"

달님이 '쏘~옥' 얼굴을 내밀면서 인사를 했어요.

"안녕? 너희들 아직도 줄다리기 하니?"

"달님, 잘 보세요. 내가 이길 거예요. 으샤!"

"아니셔! 달님, 줄다리기는 내가 이길 거셔! 으샤!"

"그래? 누가 이기는지 한번 두고 보자고."

"도대체 언제까지 줄다리기 할 거야? 나 힘들어! 심판 그만 볼래!"

비둘기도 이제 지쳤나 봐요. '꾸벅꾸벅' 졸고 있어요. 캥거루와 코끼리의 줄다리기 시합은 누가 이겼을까요? 지금도 숲속 마을 운동장에서는 캥거루와 코끼리가 줄다리기를 하고 있대요.

수호천사 빵지 선생님

'두 볼이 빵! 빵!' 새롬반 선생님 별명은 빵지예요. 그런데 선생님은 우리들 눈빛만 봐도 모든 걸 알아맞히는 족집게예요.

"자~ 친구들! 내일모레는 어머니 참여수업 하는 날이에요. 일 년에 한 번 선생님과 어머니들이 만나서 이야기 나누는 날이니까 친구들 어머니께서 모두 오셨으면 좋겠어요. 만약에 못 오시는 분이 계시면 그 이유를 꼭 말해 주세요."

유치원에서 집으로 돌아온 세준이는 방에 들어가자마자 방문을 '쿵!' 하고 닫아 버렸어요. 걱정이 된 엄마는 살짝 세준이 방문을 열었어요.

"세준아, 유치원에서 무슨 일 있었니?"

"아무 일도 없었어요."

"자, 어서 손 발 씻고 간식 먹자."

"싫어요! 나 이제 그딴 거 안 먹어요."

"왜~, 유치원에서 친구들이랑 다퉜니?"

"그런 거 아니에요."

세준이 어머니는 언어장애가 있으셔서 말을 하지 못하세요. 그래서 눈물이 많으시고, 항상 세준이에게 미안해하세요. 세준이가 간식도 안 먹겠냐고 하고 뭐라고 물어봐도 대답을 안 하고 짜증을 내자 엄마는 힘없이 눈물을 닦으시며 부엌으로 가셨어요. 세준이는 친구들이 엄마가 말을 하지 못한다는 사실을 알까 봐 창피했어요.

'야! 너희 엄마 벙어리지?'

'벙어리! 벙어리 맞지?'

'넌 엄마가 벙어리라서 준비물도 제대로 못 챙겨오지?'

오후 늦게까지 선생님은 어머니 참여수업 준비를 열심히 하고 계셨어요. 그런데 교실 뒷문이 '스르륵!' 열리더니 아주머니 한 분이 머뭇거리며 교실 안으로 들어오셨어요. 선생님은 놀라서 문 쪽으로 뛰어갔어요.

"안녕하세요, 어머님! 누구… 어머니세요?"

아주머니는 볼펜과 종이를 꺼내서 뭔가를 열심히 적으셨어요.

"저는, 세준이 엄마입니다. 저는 말을 하지 못합니다. 세준이가 오늘 유치원에서 가져온 통신문을 보고서 내일이 어머니 참여수업이라는 걸 알았습니다. 우리 세준이는 제가 말을 하지 못한다는 사실을 친구들이 아는 걸 싫어하거든요. 그래서 제가 미리 왔어요. 내일 제가 참석하지 못하더라도 이해해 주셨으면 감사하겠습니다."

엄마의 두 볼에는 소리 없이 눈물이 흘러내렸어요. 선생님은 엄마의 두 손을 꼭~ 잡고 눈물을 닦아 주며 말했어요.

"어머님, 아무 걱정하지 마시고 내일 꼭 참석하세요. 제가 알아서 할게요." 선생님과 어머니는 종이에 글을 써 가면서 한참을 이야기했어요.

드디어 어머니 참여수업이 있는 날이 되었어요. 세준이는 선생님께 할머니가 갑자기 병원에 입원을 하셔서 아침 일찍 엄마가 시골에 갔다고 했어요.

"그래? 그래~! 알았어요."

선생님께서는 밝게 웃으시며 세준이를 '꼬~옥' 안아 주셨어요. 어머니들이 한 분, 두 분씩 새롬반 교실로 들어오기 시작했어요. 순간, 세준이는 너무 놀랐어요.

'우리 엄마랑 너무 똑같이 생겼다' 고 생각을 하고 있는데 자세히 보니까 엄마가 교실로 들어오고 계시는 게 아니겠어요? 세준이는 엄마랑 눈이 마주칠까 봐 두려워서 구석으로 숨어 버렸어요.

'어… 어! 엄마가 어떻게 유치원에 오셨지? 아이 창피해라. 분명히 선생님께 우리 엄마는 할머니가 아파서 못 온다고 말씀드렸는데… 어떡하지?'

세준이는 친구들이 엄마가 말을 못 하신다는 사실을 알게 될까 봐 창피해서 아무도 몰래 교실 뒷문으로 빠져나와서 집으로 뛰어갔어요.

"다른 친구 엄마들은 말도 잘하는데 왜 하필 우리 엄마는 말도 못하는 벙어리일까. 우리 엄마는 얼굴도 예쁘고, 내가 먹고 싶다고 하면 뭐든지 다 만들어 주시고 마음씨도 착한데, 그래서 나는 우리 엄마를 하늘만큼 땅만큼 사랑하는데 왜 우리 엄마는 벙어리야! 왜 말을 하지 못하냐구?"

엄마를 창피하게 생각하고 어머니 참여수업이라고 말하지 못한 게 엄마한테 너무 미안해서 세준이는 '펑펑' 울었어요. 어머니 참여수업을 마치고 돌아온 엄마는 아무 말씀도 안 하시고 환하게 웃으시며 세준이를 자랑스럽게 바라 보셨어요.

"엄마! 죄송해요."

"뭐가~? 우리 아들이 엄마는 자랑스러운 걸? 친구들이랑 사이좋게 잘 지내고 그림도 잘 그리고 발표도 씩씩하게 잘한다고 선생님께서 칭찬하시던데. 엄마는 우리 아들이 너~무 좋아. 기특해."

"엄마~ 사실은 세준이도 엄마를 하늘만큼 땅만큼 사랑해요."

"엄마도~! 간식 뭐 해줄까? 매콤~달콤! 떡볶이 어때~?"

"히~? 좋아요. 엄마가 해 주시는 건 뭐든지 세상에서 젤~로 맛있거든요."

다음날 유치원에 간 세준이는 거짓말한 것이 걱정이 되어 선생께 다가가서 울먹였어요.

"서… 선…생님…."

"이? 세준이구나? 엄마가 굉장히 멋생이시던데? 우리 반 엄마들 중에서 제일 미인이시더라. 세준이는 좋겠다. 부러운 걸?"

"선생님… 잘… 잘못…했어요. 저도 우리 엄마가 세상에서 젤~ 좋아요."

"세준아~? 선생님은 세준이가 말하지 않아도 알아요. 괜찮아. 선생님은 이미 세준이 맘을 다 알고 있는데?"

두 볼이 빵! 빵! 수호천사 빵지 선생님은 세준이의 얼굴에 두 볼을 부비면서 엉덩이를 '톡! 톡!' 두드려 주시고 세준이를 '꼬~옥!' 안아 주셨어요.

엄마는 아빠만 좋아해

"싫어! 싫어! 정말 싫어."

"왜~에?"

매미가 맴맴 울어 대는 여름날 오후. 호빈이는 놀이터에서 혼자 그네를 타다가 해님한테 투정을 부리기 시작했어요. 해님은 호빈이 옆으로 가까이 내려와서 뭐가 그렇게 싫어서 큰 소리로 화를 내는지 물어보았어요.

"엄마는 아빠만 좋아해!"

"에~이 설마… 아닐 거야!"

"야냐! 맞아. 아마도 해님이 누나가 저기 산꼭대기 갈 때쯤이면 '호빈아! 호빈아!' 하고 날 부를걸? 나는 더 놀고 싶은데…."

"그거야 호빈이 네가 걱정이 돼서 그러시는 거지."

"치이~! 그런 게 아니래도. 해님이 누나는 잘 알지도 못하면서…. 난! 만화영화도 실컷 보고 싶은데, '아휴, 호빈아, 손 발 뽀드득! 뽀드득! 비누로 샤워 하고 보면 안 될까? 더워서 '아이스크림 먹고 싶어요.' 그러면, '아이스크림은 하루에 3개 이상은 안 돼! 찬 걸 많이 먹으면 배탈 나요. 콜록! 콜록! 감기 걸려요' 그런단 말이야."

해님이 생각할 때는 엄마가 호빈이를 너무너무 사랑해서 걱정이 되어 그러시는 것 같았어요.

"호빈아~!"

"왜!"

"그건 엄마가 널 사랑하니까 그러시는 거야."

"흥! 그런 게 어디 있어? 사랑하면 사랑하는 사람이 하고 싶은 거 맘대로 하고, 먹고 싶은 거 다 먹게 해 주는 게 사랑하는 거지!"

"호빈이가 아프지 말고 건강하게, 씩씩하게 자라라고 그러시는 거야."

"해님이 누나는 도대체 누구편이야?"

"야! 편이 어디 있어!"

호빈이는 자꾸 불평을 해대면서 이야기보따리를 열듯이 엄마가 못마땅하다고 계속 이야기했어요.

"누나는 몰라도 한~참 몰라. 아빠가 퇴근해서 집에 돌아오시면 어떻게 하는지 알아?"

"어떻게 하시는데?"

"'수고하셨어요. 더우시죠?' 문 꼭! 꼭! 닫고 에어컨 틀고. 난 뭐야? 뭐냐고? 내가 덥다고 하면 '엄마가 부채질 해 줄게?' 아이 짜증나. 또 있어."

"또 있어? 또… 뭔데?"

"저녁 먹을 때 아빠 물컵에는 얼음도 퐁당! 넣어 주면서 '저도요' 그리면 '우리 호빈이는 오늘 아이스크림 몇 개 먹었지? 그냥 마셔요. 착하지~?' 한단 말이야. 싫다! 싫어! 정말 싫어!"

호빈이는 엄마에 대한 불만이 굉장히 많이 쌓였나 봐요. 해님이 들어도 들어도 끝이 나질 않아요.

"그리고 수박 먹을 때도, '여보, 수박이 사각사각한 게 무척 달고 시원하죠? 더 드세요.' 하면서 내가 세 쪽 정도 먹고 나면, '호빈이는 이제 그만~! 밤에 이불에 지도 그려요!' 난 더 먹고 싶은데 맨날 맨날 엄마는 아빠한테만 잘해주고, 아빠만 좋아하고, 아빠만 챙겨 주고 나만 싫어해! 해님이 누나! 그래서 호빈이는 슬퍼! 아빠도 엄마랑만 놀고 나한테만 일찍 자래. 아빠도 엄마만 좋아해!"

해님은 호빈이의 이야기를 듣다가 내일 만나서 이야기를 다시 들어 준다고 했어요. 왜냐하면 아기별들이 해님을 기다리는 시간이 되었거든요.

"호빈아, 아기별들이 날 기다리고 있어. 이제 가야 할 것 같아."

"벌써?"

"응~, 아기별들이 빨리 오라고 노래를 부르고 있네. 엄마별이 보고 싶은가 봐."

"그럼… 해님이 누나! 내일도 나랑 놀아 줄 거지?"

"그럼 약속할게. 안녕~!"

"응~, 해님이 누나, 안녕~!"

아기별들의 노랫소리를 듣고 해님이 가 버리자 호빈이 키만큼 그림자가 생겼어요.

호빈이는 엄마가 호빈이를 찾다가 화가 나서 회초리를 들고 거실에서 보초를 서고 계실 거라고 생각하니까 겁이 났어요. 놀이터에서 놀거나 친구 집에서 놀다가도 해님이 산꼭대기 너머로 숨기 전에 집으로 들어가기로 약속했거든요. 그리고 약속을 지키지 못하면 남자답게 벌을 서고 회초리를 스스로 대령하기로 했거든요.

"또 야단치실 게 분명해! '넌 애가 놀이터에 한번 가면 올 줄을 몰라요. 너! 빨리빨리 샤워해! 비누로 깨끗하게 뽀드득! 뽀드득! 알았지?' 하고 말이야."

엄마랑 약속한 시간이 훨씬 지나서야 호빈이는 집으로 돌아왔어요.

"어? 집이 왜 이렇게 캄캄하지? 전깃불이 아빠처럼 출장 갔나?"

그런데 조그마한 불빛들이 하나 둘씩 켜지기 시작하더니 엄마와 아빠의 노랫소리가 들렸어요.

"생일 축하합니다~! 생일 축하합니다~! 사랑하는 내 아들! 생일 축하합니다~!"

"으으윽! 호빈이 눈물 나려고 한다."

엄마와 아빠는 호빈이가 집에 들어오기만을 기다리면서 호빈이의 생일을 축하해 주려고 거실에서 보초를 서고 계셨던 거예요. 촛불로 분위기를 잡고 말이에요. 엄마는 피아노를 치고 아빠는 케이크에 불을 환하게 밝히면서 폭죽도 '빵' 터뜨려 주셨어요. 그리고 호빈이의 얼굴에 사랑의 뽀뽀를 해 주셨어요.

"호빈~! 사랑해요. 쪼~오옥!"

"엄마도 바다만큼 산꼭대기만큼 사랑해요~! 쪼오~옥! 쪽!"

"정말?"

"그럼!"

엄마도 아빠도 호빈이를 사랑한다는 것을 느낀 생일에 호빈이는 세상에서 제일 행복한 꿈을 꾸었대요.

나! 결혼할 거야

텔레비전에서 결혼식 하는 장면을 보던 대롱이가 갑자기 엄마를 졸랐어요. 사랑하면 결혼해서 행복하게 오래오래 같이 사는 것이 곧 행복의 시작이라고, 좋아하는 사람끼리는 한집에서 살아야 한다고, 결혼을 해야 한다고 아나운서 언니가 말했거든요.

"엄마! 나… 밀레니엄 베이비 만들거야."

"뭐…? 밀레니엄 베이비?"

"그래요, 로운이랑 결혼할 거라고요."

"뭐? 겨… 결혼…? 너 엄마 아들 맞니?"

"그럼 내가 강아지로 보여요?"

"차라리 이 순간만큼은 그랬으면 좋겠다."

대롱이는 오늘 밤이 지나고 하룻밤만 더 자면 천 년이 오고 천 살을 먹는 거라고, 그래서 천 살을 먹으면 할머니, 할아버지가 되기 때문에 하루라도 빨리 결혼을 해야 한다고 했어요.

"엄마! 제발 이 아들을 실망시키지 마세요. 난 지금 심각하단 말이에요."

"못 말려, 정말~! 내가 우리 아들을 너무 똑똑하게 키웠나? 아들아~! 천 년이 시작된다고 하는 건 지구의 나이를 말하는 거야."

"엄마! 그런 게 아니래도 자꾸만 그래?"

"이대롱, 너 이리 와 봐."

엄마는 결혼을 꼭 해야 한다고 말하는 대롱이를 감당하기 힘들어서 아빠한테 도움을 요청했어요.

"여보, 여보! 나 좀 도와줘요. 수습이 안 돼요."

"무슨 일인지 모르겠으나 두 분이서 해결하시지요. 단, 질문은 요점만 간단히 해 주세요."

아빠는 뉴스를 보는 중요한 순간이라고 방해하지 말아 달라고 하셨어요. 엄마는 대롱이를 모른 척 고개를 돌려 외면하고, 아빠는 뉴스에 푹 빠져서 꼼짝도 하지 않으셨어요.

“예… 에… 지금부터 특종, 특보, 그러니까… 거기 방청석에 앉아 계신 두 분 조용히 고개를 돌려주세요. 아… 사랑? 사랑이란! 엄마! 사랑은 맨날 맨날 보고 싶은 거랬죠? 나는 로운이만 보면 손잡고 싶고, 뽀뽀하고 싶고, 또… 잠을 자려고 눈을 감으면 로운이 얼굴이 왔다 갔다 하고, 로운이랑 소꿉놀이 하는 꿈만 꾸고, 그리고… 며칠만 있으면 방학한다고 했어요. 그렇게 되면 로운이도 못 만나고, 나도 엄마랑 아빠처럼 같이 놀고 같이 자고 같이 밥 먹고… 그러고 싶단 말이에요….”

뉴스를 보다가 대롱이의 말에 화들짝 놀란 아빠는 결혼에 대해서 설명을 하셨어요.

“이대롱 박사님! 고정하세요. 좋아한다고 해서 다 사랑이라고 말할 수 있는 게 아닙니다. 사랑은 남자와 여자 두 사람의 몸과 마음이 일치하는 것을 말하고, 그렇게 되었을 때에야 결혼을 하고 그 진정한 사랑 속에서 아기가 태어나는 거예요. 그리고 사랑은 끊임없이 서로 노력하며 예쁘게 만들어 나갈 때 박사님께서 말씀하시는 사랑이 성립이 되는 거죠.”

“아빠 말은 너무 어려워 무슨 말인지 하나도 못 알아듣겠어요. 해석이 필요해요.”

그러자 엄마도 질세라 대롱이가 이해하기 쉽게 예를 들어 가면서 설득하기로 했어요.

“저기 베란다에 화초 보이지?”

“네.”

“엄마가 매일 매일 물도 주고 수건으로 잎사귀를 닦아 주고 관심과 사랑으로 정성을 쏟으니까 싱싱하게 잘 자라고 꽃도 피우는 거야. 사랑도 똑같거든?”

아빠와 엄마의 말씀을 한참 동안 열심히 듣던 대롱이는 로운이한테 관심이 많아서 머리띠 색깔이 무슨 색인지, 머리카락이 뽀글이인지 국수가락인지도 다 알고, 좋아하고 사랑하니까 엄마랑 아빠처럼 꼭 결혼을 해야 된다고 했어요. 아빠는 꼭 결혼을 해서 같이 살아야 사랑하는 거라고 믿고 있는 대롱이를 무릎에 앉히고 두 손을 잡고 몇 가지 질문을 하셨어요.

“이대롱! 몇 살이지?”

“응… 일곱 살이요.”

"아빠만큼 키가 크려면 얼마나 더 자라야 할까?"

"많이~, 아주 많~이요. 운전도 해야 하니까 한…참이요."

"그래, 한…참 기다려야 어른이 되는 거야."

"그러면… 어떻게 해요?" "기다려야지. 엄마랑 아빠처럼 어른이 될 때까지."

"그렇지만… 난 오래는 못 기다려요."

"로운이랑 결혼하고 싶다면서?"

"응…."

"그럼 기다려야지."

결혼을 하려면 어른이 되어야 하고 어른이 되려면 기다려야 한다는 아빠의 말을 듣고 곰곰이 생각해 보았어요. 대롱이는 아마도 방학이 되면 로운이를 볼 수 없게 되니까, 아빠랑 엄마처럼 결혼을 하면 매일 같이 있고 볼 수도 있을 거라고 생각했던 것 같아요.

"아빠 말이 맞긴 한 거 같은데… 고민이나…. 로운이가 시집을 가 버리면 어떡하지? 엄마…! 엄마도 아빠 사랑해서 결혼한 거지…?"

"당연하지."

"그런데 로운이가 방학 끝나면 나 몰래 시집을 가 버려서 안 보이면 어떡하지?"

"로운이가 몇 살인데?"

"일곱 살."

"어른이 되려면 키도 자라야 하고 한참을 기다려서 나이도 먹어야 하고, 그래야 엄마처럼 되는 게 아닐까? 대롱이가 자라서 아빠처럼 되듯이 말이야."

"그러면… 기다리지 뭐!"

사고뭉치 내 동생

머리는 라면땅처럼 생겼고, 두 볼은 항상 알사탕을 물고 있는 것처럼 빵빵한 내 동생은 네 살 반이에요. 이제는 제법 말대꾸도 잘 하고, 뭐 그리 궁금한 것이 많은지 오빠인 나를 아주 귀찮게 하지만 귀여운 동생이에요.

"오빠! 이게 뭐야?"

"그거? 필통."

"나… 구경해 봐도 돼?"

"필통?"

"응."

"연필밖에 없어."

내 동생의 호기심천국이 시작되는 순간이에요.

"어디… 히~이야! 이건 뭐야 바나나 냄새 난다. 맛있겠다. 오빠! 이거 나 줘라."

"안 돼! 그건 먹는 게 아니야. 쓱싹! 쓱싹! 지우개야."

"치! 오빠는 치사하게…. 어? 이건 또 뭐야? 빅뱅 오빠 사진이다. 이거 나 한 개만 줘라."

"안 돼! 용돈 모아서 산 거란 말이야."

"한 개만, 아무거나 딱! 한 개만 줘라 응~?"

"너에게는 아직 필요한 게 아니니까 그렇지. 나중에 용돈 모으고 모아서 예쁜 곰 인형 사 줄게."

뭐든지 눈에 보이면 달라고 조르고, 안 된다고 하면 삐치고, 그러다 또 다른 게 보이면 보이는 대로 물어보고 달라고 하고, 조금 전에 뭘 달라고 했는지도 순식간에 잊어버려요.

"오빠! 심심하지? 내가 빵! 빵! 총싸움 하면서 놀아 줄까?"

“야! 너 오빠의 지적 수준을 무시하는 발언을 했어!”

총싸움을 하자고 하면서도 눈길은 이리저리 뭔가를 찾는 눈치였어요. 그러더니 책가방을 뒤로 살짝 감추고는 손으로 공책을 꺼냈어요.

“와~! 우리 오빠는 공책이 무지 많다! 공부를 열심히 하나 봐. 나 공책 한 개만 줘라.”

“원래 범생이들은 공책이 많은 법이지. 그래서 말인데 공책은 줄 수가 없어!”

“으~응? 이 언니는 누구야? 예쁘다. 공주같이 생겼다. 오빠가 그린 거야?”

“실력을 좀 발휘했지.”

“응… 나도 그려 줘라, 응?”

“나중에.”

“지금 그려 줘라, 응?”

“아이 참! 지금은 오빠가 바쁘다니까 책가방 좀 그만 뒤져.”

“우리 오빠는 치사 짱구야! 나도 엄마한테 용돈 달래서 바나나 냄새 나는 거랑 공책이랑 연필이랑 다 살 거다~뭐! 메롱!”

하루도 빠짐없이 겪게 되는 동생과의 전쟁은 끝이 없는 것 같아요. 말을 배우기 시작하면서 꾀꼬리처럼 말도 잘 하고, 조목조목 따져 가면서 한 마디도 오빠한테 지는 법이 없어요. 자기 얼굴을 그려 달라는 동생을 위해 도화지를 사러 문방구에 다녀오기로 했지요. 물론 동생이 좋아하는 지우개도 하나 살 작정이에요.

“엄마! 나도 용돈 주세요.”

“용돈? 왜 풍선껌 사려고?”

“아니요. 오빠처럼 용돈 모아서 바나나 냄새 나는 거랑 빅뱅 오빠 사진도 살 거예요.”

“빅뱅 오빠?”

“응~. 오빠한테 한 개만 달랬더니 용돈 모아서 산 거라고 치사하게 한 개도 안 줘! 그리고 예쁜 언니도 그렸으면서 나도 그려 달라고 했더니 바쁘다고 안 그려줘요.”

“그래~? ‘그러지 말고 하나만 주세요’ 해 봐. 오빠가 동생을 얼마나 아끼고 챙겨 주는데 그럴 리가 있겠어?”

“히~? 그럼 슬슬 한번 가 봐야~지?”

동생은 내 방으로 다시 들어갔어요.

“어? 오빠가 방에 없네? 조금 전까지 바쁘다고 했는데 어딜 갔지?”

드디어 동생에게 주인 없는 방에 들어가서 하고 싶은 대로 할 수 있는 기회가 생겼어요. 방에는 책상서랍이며 책꽂이며 보기만 해도 신기하고 처음 보는 것들로 꽉 차 있었어요.

"히~이야! 이건 뭐야 반짝이 풀이네? 빨간색, 노란색, 내가 좋아하는 파란색도 있네? 에게게… 장난감 망치도 있다. 가위도 있네? 오빠 가방은 보물 상자인가 보다. 탑(T.O.P) 오빠 얼굴만 살짝 오려야~지!"

"야! 너 뭐하는 거야!"

"아코! 깜짝이야. 앙~! 놀랐다 앙~!"

문방구에서 돌아와 엉망이 된 내 방을 보고 나도 깜짝 놀라서 그만 큰 소리로 말해 버렸어요. 나 없는 동안 책가방 속을 구경하다가 내가 방으로 들어가자 동생도 깜짝 놀랐나 봐요. 나도 화가 나서 큰 소리로 뭐하냐고 했거든요. 그랬더니 울어 버리는 거예요. 내 동생의 유일한 무기이자 특기는 울어 버리기, 떼쓰기이거든요.

"앙~! 오빠가~ 오빠가 나 놀래켰어. 앙~!"

"엄마! 내가 못살아 정말! 얘 좀 보세요. 뭐야 이게, 엉망이네? 풀은 있는 대로 다 짜 놓고, 지우개는 전부 다 반쪽 만들어 놓고… 엄마~!"

방 전체가 쓰레기장 같았어요. 책상 위에는 풀을 짜 놓아서 햇빛에 반짝반짝 무지개가 생겼고, 공책은 글씨와 그림을 따로따로 오려서 그림을 그린 건지 기차를 만들려고 한 건지 발 디딜 틈도 없이 전시를 해놓았어요.

"으으윽! 난 망했다! 엄마~!"

어떻게 정리를 해야 할지, 청소는 해야겠는데 어디서부터 어떻게 해야 할지 정말 수습이 안 되는 내 동생의 작품이었어요.

"엄마! 도와주세요~!"

"어머머머. 이게 어떻게 된 거니~?"

"앙~! 엄마 오빠가 소리 질렀어요."

"고… 고… 공책이…."

"난 몰라요!"

"공책은 새로 사면 되지만…."

"공책을 왜 새로 사요? 선생님께서 학년이 바뀌어도 계속 써도 된다고 하셨어요."

"치이! 오빠는~? 이거 내가 그런 거 아니다 뭐! 이거는 내가 한 게 아니고 내 손가락이, 손가락이 자꾸만 자꾸만 움직이면서 만지고 싶다고 그래서, 나는 안 그러려고 했는데 손가락이 자꾸만 자꾸만 움직였어! 난 안 그랬어!"

내 동생은 말을 너무 귀엽고 예쁘게 잘해요. 그래서 동생의 말을 가만히 듣고 있으면 나도 모르게 저절로 웃음이 나와요. 나는 문방구에서 사 온 도화지를 들어 보이면서 동생 얼굴을 예쁜 공주처럼 그려 준다고 했어요. 물론 방 청소를 같이 하는 조건이죠. 그리고 약속을 했어요.

"우리 약속하자."

"약속? 무슨 약속? 손가락 걸고 하는 거 말이지?"

"앞으로는 절대로 허락 없이 오빠 물건에 손대지 않는다!"

"손대지 않는다? 응… 손가락이 자꾸만 만지고 싶다고 할 텐데…."

"그럴 때는 반드시 오빠의 허락을 받는다!"

"허락을 받는다! 힝~~!"

아무래도 허락을 받아야 한다니 맘대로 할 수 없기 때문에 자신도 없고 속상했는지 동생은 또 울먹였어요. 나만 안 보이면 내 방에서 뒤지고 만져 보고 하는 게 내 동생의 취미생활이거든요.

"그리고 치사 짱구!라고 안 하기."

" 치! 안 한다 뭐! 그런데 오빠가 치사 짱구같이 또 치사하게 나오면?"

"안 그럴게."

"정말?"

"그래 약속!"

"약~속!"

"도장 쾅!"

"도장 쾅!"

나의 하루는 이렇게 마감이 되고 있어요. 동생과 약속을 하고 도장까지 찍었지만 내 동생이 과연 약속을 지킬까요?

솜사탕

아침이슬이 내려앉은 들길을 지나서 40분을 걸어야 학교에 도착하는 경상도 작은 시골 마을에 감동이, 동강이 형제가 살고 있었어요. 동강이는 1학년이고 감동이는 3학년이에요. 동강이는 언제나 수업이 끝나면 학교 앞에서 솜사탕을 파시는 할머니에게로 가서, 형이 수업을 끝내고 올 때까지 기다렸다가 같이 집으로 가요. 오늘도 할머니께서는 조심해서 가라고 하시면서 솜사탕을 하나 주셨어요.

"집으로 곧장 가그라~. 또 메뚜기 잡는다고 해질 때까지 놀지 말고."

"네~ 할머니. 할머니도 솜사탕 많이 파세요~."

감동이는 할머니가 솜사탕을 동강이에게만 주시는 게 불만이었어요. 사실은 감동이도 솜사탕을 좋아하거든요.

"동강아! 니 있제, 니 좀 천천히 묵으면 안 되나?"

"형아야! 이거느~은 빨리 빨리 묵어야 하는 기다."

"와? 와 빨리 묵어야 하는데? 그라~믄~ 니만 묵을끼가? 내 좀 둬. 이기 니끼가? 내도 같이 묵자."

"그라므~은! 쪼메만 묵그라이~? 형아야, 알겠제?"

동생이 먹던 솜사탕을 감동이는 살짝 떼어서 입 속에 넣었어요. 그 맛이 꿀맛이었어요.

"이게 뭐꼬! 반똥가리씩이나! 나쁘다. 쪼메만 묵으라 했드만 이리 많이 땡기뻘면 우짜노?"

"은제는 빨리 묵어야 한다고 안 했나! 지가 퍼뜩 먹어 삐리야 한다고 했다 아이가!"

"그래도… 아깝다 아이가."

"알겠다! 알았다 안 하나! 내 인제는 안 묵을 테니까는 니 혼자 다~묵그라 알겠나!"

"알겠다."

조금만 먹는다고 손가락으로 살짝 떼었는데 솜사탕이 반쪽이 나버렸어요. 감동이는 은근히 화가 났어요. 그래서 동강이한테 앞으로는 누가 때렸다고 고자질도 하지 말고, 밤에 똥 누러 화장실 갈 때도 무섭다고 형을 깨우지 말고, 내일부터 집에도 혼자 먼저 가라고 했어요.

"와~ 형아야 삐졌나! 와 이카는데?"

"형아도 은자는 3학년이니까는 바쁘거덩?"

"안 된다! 내 혼자 우찌 댕기노! 내느은… 형아 없으믄 암껏도 못한다! 와?

솜사탕을 내 혼자만 묵꼬 형아는 쪼메만 준다꼬 그러는기가?"

"아이다!"

"그라믄 있제~ 형아야, 내일부터는 할무이한테 솜사탕 두 개 달라꼬 하믄 된다 아이가. 형아 한 개 내 한 개 그라믄 된다 아이가."

"됐다, 고마 피~뜩 가자! 어무이가 기다리신다."

형제는 두 손을 꼭 잡고 땀을 뻘뻘 흘리면서 햇볕이 쨍쨍 내리쬐는 논둑길을 걸어갔어요. 가다가 너무 더워서 냇가에서 잠시 멱을 감고 가기로 했어요. 감동이와 동강이는 팬티까지 벗고 냇가로 '풍덩' 뛰어들었어요.

"동강아! 참말로 덥제?"

"형아야! 은자는 시~원하다."

그때였어요.

"얼레리 꼴레리~ 감동이랑~ 동강이는! 팬티 벗~고! 고추 잡~고! 수~영한대요, 수~영한대요~!"

같은 동네에 사는 가을이가 감동이와 동강이를 놀렸어요. 가을이는 엄마가 가을에 추수가 한창일 때 태어나서 이름이 가을이래요.

"퍼~뜩! 안 가나! 가스나가! 탁! 고마! 빨리 가그라!"

"머슴아가 와 그리 의리가 읎노! 내가 그~리! 목이 터져라 불렀는데도 안 들리드나?"

"매미가 맴맴 하는지 참새 떼가 푸드득 하는지 내가 알게 뭐꼬?"

"뭐시라카노! 에고고… 드러버라. 이기 누구 팬티고?"

"니~ 내랑 한번 붙어 볼래?"

"나와 봐~라! 용기 있으면 나와 봐라. 또 모르지, 낼 학교 갈 때 내 책가방 들어준다카믄 그냥 갈끼고! 안 그라믄 내~도 같이 수영이나 하고 가지 뭐."

"뭐~라? 가스나가 부끄럼도 없는 갑다. 오야! 알았다. 낼 책가방 들어 주꼬마."

"그~래? 그라믄 낼 우리 집 대문 밖에서 기다리그라. 알것제?"

수영하다 졸지에 가을이 책가방을 들어 주게 생겼어요. 감동이는 가을이가 팬티를 본 게 창피했어요. 동강이는 부끄럽다고 하면서 다른 누나들이 오기 전에 빨리 나가자고 졸랐어요.

"형아야, 퍼뜩 나가자! 부끄럽다. 사나이 체면이 꼴이 아니다."

"니가 부끄러운 게 뭔지 아나?"

"형아야! 내 무시하지 말그라. 내~도 알건 다 안다. 그라고 내일은 참말로 할무이한테 솜사탕 두 개 꼭 달라고 할끼다."

"니 참말이제?"

"참~말이다! 내~는 거짓뿌렁 못 한다."

"참말로 신기한기라. 입 속에서 살살 녹는기…. 그란데 고게 너무 빨리 없어진다 아이가. 아껴 묵꼬 싶어도 그게 잘 안되는기라."

동강이는 솜사탕을 하나 주는 대신 밤에 화장실에도 같이 가고 학교에서 집에 갈 때도 같이 다니자고 했어요. 동강이는 아직은 겁이 많은 1학년이거든요.

"형아야! 밤에 통시(화장실) 갈 때 나 데불고 가라."

"알겠다."

"진~짜가! 참말이제? 형아 니 거짓말 하면 안 된데이?"

형의 약속을 받아 낸 동강이는 안도의 숨을 쉬었어요. 밤에 화장실에 갈 때는 대나무 숲에서 귀신이 나올 것 같아서 정말 무섭거든요. 집으로 돌아온 형제는 감자로 간식을 먹고 바둑이와 함께 엄마 아빠의 일손을 도와드리러 밭으로 뛰어갔어요. 1학년과 3학년, 때로는 다투기도 하고 가끔은 장난도 치면서 사이좋게 지내는 말썽꾸러기 어린 친구들이지만 풀을 뽑는 일은 아주 잘 한답니다.

난! 거짓말 대장이야

난 거짓말 대장 원숭이라고 해. 동물 친구들을 행복하게 해 주고 용기를 주지. 아무리 슬프고 기분이 나빠도 내가 거짓말을 한 번만 하면 모두들 기분이 좋아지지. 오늘도 나는 무슨 거짓말을 할까 고민에 빠져 있어.

"원숭아 안녕?"

"안녕, 토끼야? 그런데 왜 울고 있니?"

"사실은 내가 아끼던 당근을 엄마 드리려고 가슴에 꼭 품고 다녔는데 어디서 잃어버렸는지 아무리 찾아도 안 보여."

"그래? 당근을 잃어버렸다고?"

"응…."

"내가 조금 전에 토끼 너희 엄마를 만났는데 당근을 맛있게 먹고 계시던데? 그래서 내가 물었지 '당근을 누가 줬어요?' 그랬더니 '우리 막내가 준 거' 라고 하시던데?"

"정말?"

"그~럼!"

토끼는 울음을 '뚝' 그치고 환하게 웃으며 '깡충깡충' 뛰어갔어. 나의 거짓말의 하루가 시작이 된 셈이지. 나는 잠시 낮잠을 자기로 했어. 그런데 농부 아저씨가 무슨 걱정이 그리 많으신지 한숨을 쉬고 계셨어.

"농부 아저씨! 무슨 걱정이 있으세요?"

"허! 허! 그게 말이지. 이상하단 말이야."

"무슨 일인데요?"

"분명히 내가 감자랑 고구마를 캐면서 몇 알인지 세어 놓았는데, 매일매일 한 알씩 없어지는 것 같아서 말이다."

"아저씨! 고구마랑 감자가 없어지는 게 아니고요, 아주머니께서 아저씨 반찬이랑 간식을 준비하시느라고 사용하셔서 그럴 거예요."

"하! 하! 네 말을 들으니까 그런 것 같구나. 내가 괜한 걱정을 했나 보구나. 또 고구마를 캐러 가야겠다."

나는 또 거짓말을 했지. 사실은 감자랑 고구마를 생쥐 녀석이 밤마다 한 알씩 먹는 걸 난 알고 있었거든. 하지만 진실을 말하기가 싫었어. 왜냐고? 그렇게 되면 농부 아저씨는 생쥐를 잡으려고 쥐덫을 놓을 것이 뻔하거든.

그런데 또 아주머니께서 고민을 이야기하시는 거야. 닭이 낳은 알들이 없어진다고. 또 거짓말을 했지.

"이상하다? 분명히 알이 세 개 있었는데 두 알밖에 없네?"

"아줌마 있잖아요~, 농부 아저씨가 아침마다 목이 아프시다고 드시는 걸 제가 봤어요."

"그래? 그랬구나. 나는 또 도둑이 있나 했지~!"

차마 뱀이 알을 먹었다고 말할 수가 없었어. 뱀이 먹었다고 하면 내일부터 뱀은 맛있는 알을 먹을 수 없게 될지도 모르거든. 갑자기 꿀꿀이가 배가 아프다고 배를 움켜쥐고 '데구르르' 몸을 굴리기 시작했어. 왜 그러냐고 물었더니 강아지 짜장이의 밥을 몰래 훔쳐 먹었더니 배가 아프다는 거야. 그때 짜장이의 엄마가 짜장이의 밥을 훔쳐 먹는 친구를 잡겠다고 몽둥이를 들고 뛰어오셨어. 나는 꿀꿀이한테 나무 뒤로 숨으라고 했지.

"짜장이 어머니, 왜 그러세요?"

"아~니 글쎄, 짜장이의 밥이 매일 없어지지 뭐니? 우리 짜장이가 밥을 먹으려고 하면 밥이 없다는 거야. 나는 밥이 없어지는 줄도 모르고 밥을 너무 많이 먹으면 꿀꿀이같이 뚱뚱이가 된다고 그랬더니 '엄마는 맨날 밥도 안 주고 그런다' 고 짜증이지 뭐니? 그래서 오늘은 밥도둑을 잡으려고 몽둥이를 준비 했단다. 아마도 꿀꿀이가 그랬을 거야. 이 녀석이 아까부터 안 보이더라고. 무서워서 어디로 도망을 갔을 거야."

"짜장이 어머니, 어쩌면 짜장이가 키가 크려고 밥을 많이 먹고 엄마한테 혼날까 봐 밥이 없어진다고 그랬을지도 모르잖아요. 한창 클 때는 밥을 많이 먹는다고 우리 엄마도 그러시던데요?"

"그래? 그럴까? 우리 짜장이가 키가 크려고 밥을 많이 먹는다고?"

"아마도요, 제가 보니까 순식간에 '뚝딱' 하던데요?"

"그~랬구나… 난 그런 줄도 모르고…. 그러면 간식도 챙겨줘야겠는걸?"

짜장이의 어머니는 몽둥이를 버리고 짜장이의 간식을 챙겨 주러 가셨어. 꿀꿀이가 짜장이의 밥을 몰래몰래 훔쳐 먹었다고 하면 아마도 몽둥이가 부러지게 꿀꿀이는 혼이 났을 거야.

"꿀꿀아! 짜장이 어머니 가셨어. 어서 나와."

"원숭아! 고마워."

"그러게 왜 남의 밥을 훔쳐 먹고 그래! 그러니까 배가 아프지. 다이어트 좀 해라. 널 보면 걸어가는 게 아니고 굴러가는 거 같아."

"히~? 알았어. 앞으로는 짜장이 밥 안 먹을래. 방귀가 자꾸 나오니까 냄새가 아주 고약해."

"진짜! 냄새 고약하다. 그만 좀 뽕! 뽕! 해라. 질식하겠어."

"히~ 알았어. 그런데 참으려고 하면 뽕! 뽕! 뽕! 엉덩이를 꽉 잡아도 뽕! 뽕! 뽕! 참을 수가 없네… 히…!"

"꿀꿀아! 너~ 누가 너한테 뚱땡이라고 하면 기분이 어때?"

"기분이 나쁘지!"

"그러니까 조금씩만 먹고 운동도 하고 그래."

"응~ 알았어."

"짜장이 밥 먹지 말고. 한 번만 더 먹으면 진실을 폭로해 버릴 거야."

"알았어. 안 먹을게. 어? 소가 왜 저러지?"

"글쎄… 소가 어디 아픈가 보다."

듬직하고 믿음직스럽고 일 잘하기로 소문난 소가 꼬리로 등을 '툭! 툭!' 치면서 얼굴을 찌푸리면서 걸어오고 있었어. 왜 그렇게 울상이냐고 물었지.

"소야, 왜 그래? 일이 힘들어서 그래?"

"그게 아니라, 내 등에 뭐 있나 봐. 자꾸 가려워."

"어디? 아하! 등에 흉이 생겼네. 따갑지?"

"오늘은 등에 짐도 안 메고 풀만 뜯었는데 왜 그러지?"

내가 또 거짓말을 하려는 순간 꿀꿀이가 소 등에 타고 있던 생쥐 녀석을 발견하고는 하마터면 진실을 말할 뻔했지 뭐야!

"생쥐야! 너 거기서 뭐해?"

"난 여기가 좋아."

나는 재빠르게 꿀꿀이의 입을 막았지. 큰소리로 '방귀 좀 그만 뀌어' 라고 했어. 그랬더니 꿀꿀이가 미안해서 항문을 꽉 막더라고. 그리고 생쥐한테 어서 소 등에서 내려오라고 눈을 찔끔 감으면서 손짓으로 사인을 했지. 생쥐는 사뿐히 소 등에서 내려왔어.

"소야, 네가 등에 상처가 난 줄도 모르고 일을 열심히 해서 그래. 쉬면서 일을 해야지."

"그래서 그런지 오늘은 일을 그만하고 원숭이 네 말대로 좀 쉬어야겠다."

꿀꿀이는 나한테 왜 거짓말을 하냐고 덤비는 거야. 거짓말은 나쁜 거라나 뭐라나.

"원숭아, 왜 거짓말을 하는 거야? 생쥐가 맨날 소 등에 타고 다니니까 상처가 난 건데."

"야! 그럼 아까 짜장이 엄마한테도 네가 짜장이 밥을 몰래 먹었다고 말할 걸 그랬냐?"

"아~니? 그건 아니고."

"때론 거짓말이 행복한 거야."

"거짓말이 행복하다고?"

"거짓말은 나쁜 것이고 해서는 안 될 말이지만, 때로는 행복을 주고 기쁨을 주기도 하는 거야."

"내 머리로는 이해를 못 하겠어."

"이해가 안 되면 이해하지 말고, 그냥 꿀꿀이 너는 거짓말 하지 마."

"거짓말 안 할 거야. 우리 엄마가 거짓말은 나쁜 거라고 하셨어. 아~ 배고프다."

"뭐? 배고프다고?"

"응! 똥도 마렵고. 히~ 나 밥 먹으러 간다."

배가 고프다고 꿀꿀이는 '뽕! 뽕! 뽕! 방귀 냄새를 날리면서 가 버렸지. 생쥐는 기가 죽어서 꼼짝도 안 하고 앉아 있었지.

"원숭아 고마워~. 거짓말 해 줘서."

"소가 힘들어하니까 이제 소 등에 그만 타."

"그렇지만 소 등에 타고 있으면 얼마나 재미있는데. 힘들게 안 걸어다녀도 되고…."

"소가 아프니까 그렇지!"

"알았어. 앞으로는 소 등에 안 타고 다닐게."

내일은 또 무슨 거짓말을 할까? 동물 친구들이 사이좋게 지내고 행복해하는 모습을 보면 아마도 나는 진실을 말하기가 힘들 것 같아. 기분 좋아지는 거짓말! 언제까지 거짓말을 하게 될지는 모르겠지만 아마도 오랫동안 거짓말을 하게 될 거야.

물 박사 아저씨 사랑해요

바람이 불면 물결이 햇빛을 따라 춤을 추듯이 반짝이고, 고기들이 무리를 지어서 왔다 갔다 달리기 시합을 하는 모습까지 환하게 보여요. 깨끗하고 쓰레기도 없는, 예쁜 꽃들이 춤을 추며 나비도 꽃잎에 앉아서 쉬어 가는 여울천에는 여러 친구들이 오순도순 모여 살아요. 얼마 전까지만 해도 더러운 냄새가 나서 숨을 쉬기도 힘들었는데, 어느 날 인가 검정 뿔테 안경을 쓰고 배가 볼록하게 나온 물 박사 아저씨가 다녀가신 이후로 포크레인이 밤낮으로 공사를 하더니 아름다운 여울천이 만들어졌어요. 그때부터 물자라, 물땡땡이, 물방개, 소똥구리, 방아깨비, 나비, 자벌레들이 보금자리를 만들었어요. 아기새도 엄마를 찾아 나섰다가 길을 잃었는데, 깨끗하고 아름다운 여울천에 반해서 둥지를 틀었어요.

"여기서 엄마를 기다리면 되겠다. 엄마도 여울천의 소식을 들으면 날 찾아오실 거야. 나비야 안녕?"

"아기 새야 안녕? 엄마는 어디 가셨니?"

"엄마를 찾고 있는 중이야."

"엄마를 잃어버렸구나. 가여워라."

"우리 엄마를 보면 내가 여울천에 있다고 전해 줘."

"그럴게. 아마도 아름다운 여울천의 소식을 들으면 엄마도 오실 거야."

사마귀도 풍뎅이도 여울천으로 이사를 오기 시작했어요. 그러던 어느 날 '우르르 쾅! 쾅!' 먹구름이 몰려오더니 하늘에서 소나기를 뿌렸어요. 모두들 겁에 질려서 웅크리고 며칠을 보냈어요. 비가 그치던 날 아침, '붕~!' 하얀 차가 여울천에 '끼이익!' 멈추더니 검정 뿔테 안경을 쓴 물 박사 아저씨께서 차에서 내리셨어요. 친구들은 어젯밤까지 비가 너무 많이 와서 무섭고 겁이 나서 다른 곳으로 이사를 가야 할지도 모른다고 생각하고 있었는데 물 박사 아저씨가 오자 너무 반가웠어요. 그래서 물 박사 아저씨 곁으로 경주를 하듯이 서로 앞다투어 뛰어갔어요. 왜냐하면 물 박사 아저씨가 오시면 뭐든지 해결이 되거든요. 아기 새도 물 박사 아저씨 어깨 위에 앉아서 인사를 했어요. 나비는 물 박사 아저씨 머리 위를 빙빙 돌면서 반가움을 표현했어요.

“며칠 동안 비가 많이 와서 물이 넘쳤구나. 수위를 낮춰야겠어. 물고기들이랑 곤충들이 잘 있었나 모르겠네. 다치지 않고 무사해야 할 텐데….”

“물 박사 아저씨~ 물 박사 아저씨!”

“어? 너는 아기 새로구나. 잘 있었니? 엄마는 찾았고?”

“엄마는 못 찾았어요.”

“어젯밤에 비가 많이 내리고 천둥이 쳐서 무서웠겠구나!”

“네… 많이 무서웠어요. 그래서 쪼그리고 앉아서 울었어요. 그런데 이제 괜찮아요.”

“왜~?”

“물 박사 아저씨가 오셨으니까요.”

“하! 하 !하! 그래~?”

“네~, 친구들도 무서웠는데요, 이제는 아무 걱정 안 해요. 왜냐하면 물 박사아저씨가 오셨으니까요.”

“하! 하! 하! 미안하구나. 물이 안 넘치도록 해야 하는데…. 비가 너무 많이 와서 너희들이 잘 있나 걱정이 되어서 왔단다.”

“역시 물 박사 아저씨는 참 착하신 것 같아요.”

“그녀석도 참! 아기 새야, 엄마를 빨리 찾도록 이 아저씨도 도와줄게.”

“괜찮아요.”

“왜~?”

“저는요, 언제나 항상 혼자 있었거든요.”

“엄마가 있는데 왜 혼자야?”

“엄마가 아직도 날 찾지 않는 걸 보니까 바쁘신가 봐요. 늘 혼자서 살 수 있도록 연습을 해야 한다고 그러셨거든요.”

“그랬구나~. 그럼 아기 새야, 이 아저씨가 친구 해 줄까?”

“우~와! 정말요? 정말이죠~?”

“그~럼! 이 아저씨는 한번 한 약속은 죽을 때까지 지킨단다.”

“얘들아~! 있지~ 물 박사 아저씨가 나랑 친구 해 주신댔다! 좋겠지?”

"그렇게도 좋으냐?"

"당연하죠!"

"오늘은 이 아저씨가 바빠서 가봐야 할 것 같다. 일주일에 한 번씩은 여울천에 와서 조사를 해야 하니까 일주일 후에 또 만나자."

"네~. 물 박사 아저씨 안녕히 가세요."

친구들은 물 박사 아저씨를 배웅하고는 모두들 제자리로 돌아갔어요. 아기 새에게는 행복한 비밀이 하나 생겼어요. 그건 물 박사 아저씨가 여울천에 오시기만을 기다리는 거예요. 하루, 이틀,… 일주일이 지났어요. 물 박사 아저씨는 일주일이 지났는데도 여울천에 오지 않았어요. 얼마 전에 이사 온 사마귀와 풍뎅이는 아기 새가 잠도 안 자고 누군가를 기다리는 것 같아 물어보았어요.

"아기 새야 누굴 기다리니?"

"풍뎅아, 그러지 마! 아기 새가 울겠어. 엄마를 기다리고 있겠지."

"엄마는 안 기다려!"

"그러면… 잠도 안 자고 밥도 안 먹고 누굴 기다리는데?"

"친구!"

"친구?"

"응! 친구."

"친구가 누군데?"

"물 박사 아저씨!"

"물 박사 아저씨?"

"나랑 친구 해준다고 했어."

"아마 바쁘셔서 못 올 거야."

"아니야! 온댔어."

사마귀와 풍뎅이는 밥도 안 먹고 잠도 안자고 물 박사아저씨를 기다리는 아기 새가 안타까웠어요 나비도 아기 새를 달랬어요

"아기 새야 물 박사아저씨가 그냥 한번 해본소리 일 꺼야 그만 기다려 사람들은 믿지 않는 게 좋아"

"아니야! 우리 물 박사아저씨는 꼭 약속을 지킨다고 했어"

"사람들 말을 믿지 마!"

“아니야! 물 박사 아저씨는 한번 한 약속은 죽을 때까지 꼭 지킨댔어.”

아기 새가 엄마를 잃고 많이 외로웠나 봐요. 그런데 1주일이 지나고 2주일이 지나고, 이십 일이 지나도 물 박사 아저씨는 여울천에 오지 않았어요. 아기 새는 밥도 안 먹고 밤잠도 안 자고 물 박사 아저씨가 오기만을 기다리더니 아프기 시작했어요. 이제 친구들까지도 물 박사 아저씨가 하루빨리 여울천으로 오기를 기다렸어요. 아기 새가 점점 말라가고 있었거든요.

“정말 걱정이다.”

“그러게 사람들 말은 믿는 게 아니래도.”

“환경을 살리자고 외치면서도 쓰레기는 잔뜩 버리고 가고….”

“분리수거 해서 가지고 온 쓰레기는 가지고 가면 좋을 텐데….”

“물 박사 아저씨도 나쁘다. 그치!”

“약속을 했으면 지켜야지! 거짓말쟁이다.”

그때 ‘붕~! 붕! 붕~!’ 멀리서 하얀 차 한 대가 먼지를 일으키며 여울천으로 다가왔어요. 친구들은 모두들 두 눈을 동그랗게 뜨고 하얀 차가 오는 쪽으로 줄을 지어 차례로 섰어요. 검정 뿔테 안경을 쓴 물 박사 아저씨가 차에서 내리더니 큰 소리로 아기 새를 목이 터져라 부르면서 뛰어오셨어요.

“검정 뿔테 안경 아저씨다!”

“어! 물 박사 아저씨! 아저씨다, 아저씨가 오신다!”

아기 새도 친구들의 소리를 듣고 날아가고 싶었지만 기운이 없어서 날지도 못하고 둥지에 누워 있었어요.

“애들아! 아기 새는 어디 갔니?”

“저… 아기 새가 아파요.”

“뭐? 아기 새가 아프다고?”

“네, 아저씨를 기다린다고….”

“밥도 안 먹고 잠도 안 자고 기다리다가….”

“그래! 아기 새는 어디 있니?”

나비는 아기 새의 둥지까지 아저씨를 안내했어요. 아저씨는 땀을 뻘뻘 흘리면서 돌멩이에 걸려서 넘어질 뻔하면서도 열심히 뛰었어요.

“아기 새야! 아저씨가 왔단다.”

"아저씨 미워! 일주일에 한 번씩은 온다면서 약속도 안 지키고…."

"미안! 미안하구나. 이 아저씨가 출장이 많아서 바빴단다."

"내가 얼마나 아저씨를 기다렸는데, 그것도 모르고…."

"다음부터는 약속을 꼭 지킬게."

"아저씨가 보고 싶어서 아저씨 올 날만 손꼽아 기다렸는데…."

물 박사 아저씨는 아기 새를 따뜻하게 꼭 안아 주셨어요. 친구들도 모두들 기뻐서 박수를 쳤어요.l 아기 새는 아저씨 품속에 꼭 안겨서 한참을 울었어요.

"아기 새야~? 다음 주부터는 약속을 꼭 지킬게."

"바쁘시면 안 오셔도 돼요."

"아~니, 아니야! 손가락 걸고 약속하자."

"히~? 네!"

물 박사 아저씨는 일주일에 한 번은 꼭 아기 새를 보러 오겠다고 약속했어요. 그리고 뽀뽀도 해 주셨대요.

달팽이의 사랑

아침이슬을 머금은 풀잎 사이로 눈부신 햇살이 쏟아지던 가을날, 달팽이 소이는 '꼬물꼬물, 꿈틀꿈틀' 세상에서 단 하나뿐인 예쁜 사랑을 찾아서 길을 떠났어요.

"10월이 가기 전에 난 내 사랑을 찾을 거야. 그래서 슬퍼하지도 않을 것이고, 울지도 않고 행복하게 살아야지."

풀밭을 지나서 열심히 길을 가고 있는데, 눈을 뜰 수 없을 만큼 반짝이는 사랑스러운 빛을 발견했어요.

"와~! 정말 예쁘다! 안녕? 넌 누구니?"

"난 끈끈이주걱이라고 해."

"보석같이 아름다운 너의 아름다움에 난 반했어. 나의 사랑을 받아 줘."

"하지만 난 너의 사랑을 받을 수가 없어!"

"왜에?"

"난 벌레를 잡아먹는 끈끈이주걱이야. 모두들 내 아름다움에 반해서 내 곁으로 오면 벗어날 수가 없어."

"그래? 그럼 내가 너의 사랑의 포로가 될게. 나의 사랑을 받아 줘."

"안 돼!"

"왜 자꾸 안 된다고 하는 거야? 그러지 말고 나의 사랑을 받아 줘. 너의 아름다움에 눈이 부셔서 눈을 뜰 수가 없어."

소이는 끈끈이주걱 곁으로 천천히 다가갔어요. 끈끈이주걱은 가까이 오면 안 된다고 했어요.

"안 돼! 가까이 오지 마."

"너의 향기로운 냄새가 너무 좋아."

"가까이 오면 넌 죽을 지도 몰라."

"죽는다고?"

"그래! 내 몸에 닿기만 하면 죽는다고. 그러니까 다른 사랑을 찾아서 어서 떠나~."

끈끈이주걱은 달콤한 향기를 내뿜어서 식물이나 곤충들을 가까이 유인하고, 먹이가 가까이 다가와 잎에 붙으면 촉수 끝에 매달려 있는 투명한 방울로 4일에서 5일 동안 소화를 시켜요. 그리고 소화가 끝나면 촉수를 다시 펴서 방울방울 이슬방울같이 영롱한 액을 매달아서 먹이사냥을 다시 시작해요.

끈끈이주걱은 식물이나 곤충들 끈끈이주걱의 몸에 닿기만 하면 잎사귀의 세포들이 꼼짝도 못하게 감싸 버려서 결국 죽게 되거든요.

"그래도 나의 사랑을 받아 줘."

"안 돼!, 널 죽게 할 수는 없어. 그러지 말고 가까이에서 너의 사랑을 찾아 보는 게 어때? 사랑은 항상 가까이 있는 거야."

"가까이?"

"그래. 가까이…. 가만히 눈을 감고 생각해 봐! 널 위해서라면 먼 길도 힘들어 하지 않고 네 곁으로 달려올 친구가 있을 거야."

"아니야 없어!"

"아니야, 있을 거야."

"아니야! 없어. 난 사랑한다는 말을 한 번도 들어 본 적이 없어. 그래서 내 사랑을 찾아서 여기까지 온 거야."

달팽이는 암수의 구별이 없이 한 몸으로 살지만 한집에서 사는 달팽이끼리는 사랑을 할 수가 없대요.

"난 친구도 없는데… 그래서 슬프고 외롭단 말이야."

"아니야! 널 사랑하는 친구가 분명히 있을 거야."

그때였어요. 소이의 곁으로 달팽이 한 마리가 '꿈틀꿈틀 꼼지락꼼지락' 다가오더니 두 눈을 깜박거리면서 웃고 있는 게 아니겠어요?

"넌 누구니?"

"난 너의 모습을 보고 반해서 너의 뒤를 따라온 달팽이 가이라고 해."

"가이?"

"응! 가이. 나의 사랑을 받아 줘."

"……."

"널 사랑하게 됐어."

"……."

"너와 함께라면 어디든지 함께 갈 수 있어. 나의 사랑을 받아 줘."

사랑한다는 고백을 들은 소이는 순간 너무 행복해서 얼굴을 들 수가 없었어요. 두 볼이 통통하고 눈이 호수같이 맑고 해맑은 미소가 소이의 마음을 사로잡았거든요.

"난 예쁘지도 않은데…."

"아니야! 세상의 어느 달팽이보다 예뻐!"

"난 사랑을 한 번도 받아 본 적이 없어서 이럴 땐 어떻게 해야 하는지 모르겠어."

"그럼, 나만 따라와. 행복하게 해줄게."

"어디로 갈 건데?"

"아침 해가 제일 먼저 떠오르는 곳!"

"아침 해가 제일 먼저 떠오르는 곳? 거기가 어딘데?"

"꽃들이 '방긋방긋' 인사를 하고 바람이 음악을 연주하는 곳!"

"꽃들이 인사를 하고 바람이 음악을 연주하는 곳?"

"와~, 정말 아름다운 곳이겠다!"

"나만 믿고 따라와. 널 이 세상에서 제일 아름다운 가을의 신부로 만들어 줄게."

소이와 가이는 '꼬물꼬물 꿈틀꿈틀' 아침 해가 제일 먼저 떠오르는 곳으로 함께 떠났어요. 그리고 꽃들이 '방긋방긋' 웃으면서 축하노래를 부르는 곳에서 바람의 연주를 들으면서 결혼식을 하기로 했어요. 끈끈이주걱도 소이와 가이의 결혼을 축하해 주었대요.

나는 누구일까요

'또로롱~ 또로롱~!' 아침이슬 한 방울 두 방울 먹고 세수도 하고 예쁘게 앉아 있으면 해님은 내가 예쁘다고 머리를 쓰다듬어 주시죠. 바람은 내가 빨리빨리 자라라고 '하나~둘! 하나~둘!' 운동을 시켜 주세요. 나는 누구일까요?

내가 자라나는 곳은 시골길이나 언덕길 논둑이에요.

"아이~ 심심해. 오늘은 왕눈이가 안 보이네. 아구구구~! 자꾸만 머리꼭지가 간지러워."

제비꽃은 싹이 자라서 잎이 나더니 꽃망울이 하나씩 둘씩 줄기마다 '쏘오옥!' 올라오기 시작했어요.

"으~ 간지러워, 내 머리 위로 벌레들이 기어가나 봐."

개굴개굴, 폴짝! 폴짝! 개구리가 놀러 왔어요.

"개굴개굴, 안녕? 제비꽃?"

"왕눈아 ~왕눈아! 나 있지, 자꾸만 간지러워."

"히이야~ 제비꽃아 네 얼굴이 커졌어!"

"아니~! 그게 아니고 간지럽대도. 벌레가 있나 좀 봐 줘."

"어디 한번 볼게. 벌레? 없는데?"

개구리는 폴짝! 폴짝! 제비꽃 옆으로 뒤로 왔다 갔다 하면서 벌레를 찾아 보았어요. 그렇지만 벌레는 보이지 않았어요. 그때 개미가 먹이를 물고 제비꽃잎에 앉았어요.

"먹이를 물고! 다리에 힘을 주고 영차! 영차! 여기서 조금만 쉬었다 가야겠다. 와~ 정말 예쁜 꽃이다. 노란색도 있고 하늘색도 있네!"

"개굴개굴, 개미야 안녕? 어디 갔다 오는 거야?"

"으응~ 저기 아래 언덕길에서 먹이를 찾아서 물고 오는 길이야."

"그랬구나."

"왕눈아~ 간지럽다니까~?"

"어! 이건 누구 목소리야?"

"제비꽃이야."

"그래? 그럼 내가 앉아 있는 곳이 제비꽃이란 말이지?"

제비꽃은 꽃잎이 무럭무럭 자라서 화알짝 피었어요. 개미는 제비꽃잎이 커지자 땅으로 떨어질 뻔했어요.

"아이 깜짝이야. 휴우~ 놀랬다."

"넌 누구니?"

"난 개미라고 해."

"어? 야! 너 움직이지 마. 네가 움직이니까 간지럽단 말이야."

"난 안 움직였어."

"아까부터 간지러웠는데 혹시~ 너였어?"

"아니야~ 난 그냥 힘들어서 잠깐 쉬고 있는 것뿐인데…."

"우리 예쁜 제비꽃님 참으세요."

개미는 미안해서 어쩔 줄 몰라 했어요. 꽃이 예뻐서 잠깐 쉬고 있었을 뿐인데 제비꽃이 화를 내니 말이에요. 개구리는 제비꽃을 달랬어요.

"제비꽃아~ 너는 그리스라는 나라의 국화야. 나라를 대표하는 꽃이 그렇게 화를 내면 안 되는 거잖아. 노란제비꽃은 수줍게 앉아 있잖니. 너도 참아라~"

"나는 누가 내 몸에 앉아 있는 거 싫어!"

"태양신 아폴로가 소년과 소녀가 너무 좋아하는 걸 보고 샘이 나서 꽃으로 만든 게 제비꽃이라더니 그래서 네가 화를 내나 보다."

"그런 게 아니라…."

"개미가 움직일 때마다 너무너무 간지럽단 말이야."

"그래도 아테네를 상징하던 꽃인데 참으셔~!"

"우와~ 제비꽃은 정말 대단한 꽃이구나. 미안해. 난 그런 줄도 모르고 너무 예쁜 꽃이 있어서 올라왔어. 이제 내려갈게. 간지러워도 조금만 참아 봐."

"그래~ 제비꽃아 눈 한 번 꼬오옥! 감고 참아 봐."

제비꽃은 개구리 말대로 눈 한 번 꼭! 감고 참아보기로 했어요. 개미는 천천히 제비꽃 옆으로 내려왔어요. 그때였어요. 갑자기 주위가 더워져서 제비꽃도 개미도 개구리도 땀을 흘렸어요.

"아휴~ 더워라. 갑자기 왜 이렇게 덥지?" "글세, 해님이 화를 내고 있나 봐."

"왜에~?"

"그거야 나도 모르지."

"휴우~ 다 내려왔다. 제비꽃아 이제 안 간지럽지?"

"간지럽지는 않은데 더워…."

해님은 예쁜 제비꽃이 간지럽다고 개미 친구한테 화를 내자 제비꽃이 얄미워서 얼굴을 찡그렸던 거예요. 그때 갑자기 시원한 바람이 불었어요.

"어! 갑자기 시원해졌다!"

"바람이 놀러왔나 보다."

"어! 또 덥다."

해님이 얼굴을 찡그려서 덥게 하면 바람은 왔다 갔다 하면서 시원한 바람으로 땀을 닦아 주었어요.

"바람씨! 좀 가만히 있어요. 제비꽃이 심술부리는 버릇 좀 고쳐 주게요."

"해님! 참으세요. 아이들은 다 저렇게 다투고 화해하고 그러면서 자라는 거예요."

"아~니, 개미도 놀러 올 수 있고 나비도 놀러 올 수 있죠. 친구들이 놀러 오면 자리도 내어 주고 친하게 지내는 착한 제비꽃이 되어야죠."

"제비꽃은 원래 착한 아이니까 어디 한번 지켜보자고요."

바람 말대로 해님은 제비꽃을 지켜보기로 했어요.

"또 시원해졌네. 개미야, 아까는 내가 화내서 미안했어."

"아니야. 다시는 너한테 놀러 오지 않을게. 간지럽게 해서 미안해."

"아니야~ 내가 조금만 참으면 되는데 뭘~."

"히~ 알았어. 개미야, 내일도 놀러 올 거지?"

"나야 예쁜 제비꽃을 매일 볼 수 있다면 얼마든지~!" "제비꽃이 착해지나 보네. 그래~ 착해져야 다른 친구들도 놀러 오는 거야. 예쁜 제비꽃이 화를 내면 되겠니?"

"이제 가야겠다. 개구리야, 안녕~. 제비꽃도 안녕~."

"개굴개굴, 개미야 안녕~. 내일 또 만나자~."

"개미야 안녕~. 내일 또 놀러 와~."

해님도 바람도 제비꽃이 착해진 것을 보고 환하게 웃었어요.

저자소개

문 빈 ●●●

창원전문대, 창신대, 한국국제대학교 출강
경남신문 "생활 속의 동화" 연재
MBC/KBS/신기한 한글나라 100회 특집공연 그 외 다수 공연
한국문인협회 회원, 경남문인협회 회원, 창원문인협회 회원, 남도 "시" 문학회 회원
극단 「MB」 대표
'불 좀 꺼주세요' 기획 연출 그 외 다수
청소년 연극제 연출상, 치아사랑 연극제 공로상 수상
유치 · 초등교사 연수-연 4회 정기공연 외 출장공연
빈 예술단 대표

누구나 적용할 수 있는
구연동화의 기법과 실기

초판 1쇄 인쇄 2008년 9월 9일
초판 1쇄 발행 2008년 9월 16일

지은이 | 문 빈
펴낸이 | 김기섭
책임편집 | 최창숙
펴낸곳 | 창지사 www.changjisa.com
121-809 서울시 마포구 대흥동 161
전화 (02) 719-2211~3
팩스 (02) 701-9386
등 록 | 1977년 4월 28일 제1-421호

ISBN 978-89-426-0426-5 93370
Printed in Seoul, Korea

값 14,000원